태극타로

인생 나침반 태극타로

초판 1쇄 인쇄 | 2015년 07월 03일
초판 1쇄 발행 | 2015년 07월 10일

지은이 | 허용중
발행인 | 김범종
디자인 | 디자인감7
발행처 | 도서출판 썰물과밀물
출판등록 | 2014년 10월 24일 제319-2014-56호
주소 | 156-810 서울시 동작구 대방동9길 31
전화 | 02-885-8259
팩시밀리 | 02-3280-8260
전자우편 | ankjayal@daum.net

ⓒ 허용중, 2015

ISBN 979-11-953922-3-0 03140

이 도서의 국립중앙도서관 출판예정도서목록(CIP)은 서지정보유통지원시스템 홈페이지 (http://seoji.nl.go.kr)와 국가자료공동목록시스템(http://www.nl.go.kr/kolisnet)에서 이용하실 수 있습니다.(CIP제어번호: CIP2015016430)

인생 나침반

태극타로

허용중 지음

썰물과밀물

추천사

　태극(太極)은 본디 아무것도 없는 무(無)이지만 우주와 천지를 창조한 대원령(大元靈)이다. 하나의 순수한 기운이 음양(陰陽)과 오행(五行)으로 나누어져 삼라만상을 창조한 도(道)는 완전한 태극의 조화력이다.

　태극의 기운은 바람과 같아서 눈에 보이지는 않으나 한순간도 가만히 머물지 않는다. 그래서 주역에는 고정된 법이 있을 수 없고, 그 무한한 조화의 기운은 효(爻)와 괘(卦)라는 부호로 형상화된 것이다. 그러나 일반인이 괘상을 익히기란 결코 쉽지 않다. 그래서 주역이라는 훌륭한 학문을 경원시하는 지경까지 이르게 된 것이다.

　이번에 허용중 선생이 그 변화무쌍한 태극의 기운을 64개 문양의 카드로 만든 것은, 눈에 보이지 않는 태극의 형상을 눈으로 볼 수 있게 했다는 것만으로도 큰 의미가 있는 일이다. 더구나 태극 공간 속에서 움직이는 음양과 괘상을 카드에 담았고, 그 카드를 통해 앞일의 추세와 결과, 심지어 내면까지도 파악할 수 있게 하였다는 점은, 그동안 난해하다는 이유로 주역에 쉽게 접근하지 못한 일반인에게 큰 도움이 될 것으로 보인다.

　동양의 성인으로 일컬어지는 복희(伏羲), 신농(神農), 황제(黃帝), 문왕(文王), 공자(孔子)께서는 음양오행과 춘하추동이 순환하는 이치를 근거로 산천초목의 허실성쇠(虛實盛衰)에서부터 인간사의 길흉화복에 이르기까지 모두 밝혀낸 바 있다. 특히 이 책이 이론적 배경으로 삼은, 『매화심역(梅花心易)』을 저술한 중국 송나라의 거유(巨儒) 소강절 선생은 모든 학문에 통달하였는데, 특히 주역에는 입신의 경지에 이르렀다고 전한다. 흔히 중국에서 모르는 것 없이 박학다식한 사람을 '소강절만큼 잘 안다'고 하는 것을 보면 그가 얼마만큼 통달한 분이었는가를 짐작하고도 남을 것이다.

　본인도 오랜 세월에 걸쳐 소강절 선생이 밝혀 놓은 음양교역(陰陽交易)의 묘리를 연구한 바 있으며, 약 30년 전에는 소강절 선생의 저서를 새롭게 정리해 출간하기도 했다.

이번에 세상에 처음으로 선보이는 이 책 '태극타로' 또한 소강절 선생의 대표적인 저서 『매화심역』에 그 뿌리를 두고, 8괘의 오행을 비교하고 상의(象意)를 파악함으로써 앞으로 전개될 과정과 결과까지 밝혀내고 있다. 그동안 거의 사용하지 않았던 매화심역 판단법을 카드라는 매개체를 통해 되살려 냈다는 점을 안다면 소강절 선생께서 얼마나 기뻐할 것인가.

그리고 이 책은 카드에 괘상을 그려 넣은 단순한 발상 같지만, 서양의 타로가 젊은 층에서 크게 유행하고 있는 점을 감안하면, 우리나라의 대표적인 전통문화 태극이 카드로 만들어졌다는 점은, '콜럼버스의 달걀'처럼 기발하고 참신하기 이를 데 없다.

태극이란 용어가 처음 등장한 것은 『주역』〈계사전〉으로, '역에는 태극이 있으니 이것이 양의를 생하고, 양의가 사상을 생하고, 사상이 팔괘를 생하였다.'라고 기록되어 있다. 그 후 태극은 수천 년 동안 동양 사상의 중심적 개념으로 자리 잡게 되었고, 특히 우리 한민족과는 떼려야 뗄 수 없을 정도로 삶의 곳곳에 그 정신적 뿌리를 내리고 있다. 우리나라 국기 명칭이 태극기인 것만 보더라도 태극은 우리 겨레의 얼과도 같은 것으로, 우리나라의 국위가 선양될 때마다 태극기는 창공에서 펄럭이며 그 상징성을 드러내고 있다. 1936년 베를린올림픽에서 손기정 선수가 결승점에 도달하는 순간 가슴에 감추었던 것도 바로 태극기였다.

그러나 우리나라 태극기 문양은 64괘 중의 하나일 뿐이다. 하나의 태극 안에 음과 양으로 구성된 64개 형상이 있다고 하면 일반인은 매우 생소할 것이다. 게다가 그 단순한 모양 속에 만사만물이 형성되고 변화되어 나가는 기운이 내포되어 있다고 하면 참으로 신기하게 생각할 것이다.

나 또한 역학과 더불어 산 세월이 60년이 넘었고, 그동안 저술한 역학 관련 서적만도 1백여 권에 이르지만, 요즘도 역(易)을 대할 때마다 경이롭고 신비롭기만 하다. 역이란 마치 살아있는 생물처럼 그 변화가 무궁무진하기 때문이다.

　이번에 나오는 '태극타로'를 통해서 다시 한 번 무궁한 역의 세계를 실감하게 되었다. 더구나 이 책을 지은 저자는 본인이 아끼는 제자이다 보니 내가 책을 펴낸 것 이상으로 가슴이 뿌듯하고 애착이 간다.

　서양 타로가 다양한 그림이나 문자, 부호, 숫자, 색깔 등으로 어우러져 미래를 예측하는 데 반해 이 책은 태극의 문양과 괘상만으로 앞날을 예측할 수 있게 했으므로 주역의 심오함을 널리 알리는 계기가 되리라 믿는다.

　특히 다른 점단법에서는 판단하는 사람의 능력이나 언변, 눈치 등에 따라 일관성이 없는 결과가 나오기도 하지만, 이 태극타로는 주역의 상생상극 원칙에 따르고 있어 누가 판단하더라도 그 결과가 동일하게 나온다는 점이 큰 매력이다. 그래서 이 책은 운명에 관심 있는 사람은 물론이거니와 일반인도 일상생활 속에서 쉽게 활용할 수 있을 것으로 보인다. 또 64괘 고유의 태극 문양과 괘상을 카드 64장에 담고 있어서 국내뿐만 아니라 국제적으로도 활용될 가치가 충분해 보인다.

각고의 노력 끝에 태극의 다양한 모습을 형상화한 저자의 노고에 큰 격려의 박수를 보내며, 앞으로 더 큰 연구와 정진을 기대하는 바이다.

삼공 조성우, 철학박사, 삼공명리철학원장

책을 내면서

인생은 선택의 연속이다. 우리는 인생길을 한 발씩 내디딜 때마다 크고 작은 갈림길과 마주치게 되고, 그때마다 고민에 빠지게 된다. 어떤 길로 발을 들여놓느냐에 따라 앞날은 전혀 다른 상황이 펼쳐지기도 하고, 그로 인해 성공과 실패가 결정되기도 한다. 한순간의 판단 착오로 말미암아 평생을 방황하는 경우도 적지 않다.

우리나라 역학계의 거봉(巨峯)이신 삼공(三空) 조성우 스승님께서는 인간의 운명에 대해 이렇게 말했다.

"지구가 공전하듯이 인생도 공전의 법칙대로 오가는 것이다. 이 우주 공간에는 인지(認知)로 파악할 수 없는 여러 이치가 공존하고 있고, 그중의 하나가 바로 우주 중심은 자신이라는 점이다. 내가 있는 곳으로부터 동서남북이라는 방향이 있듯이 나로부터 모든 것이 출발한다. 모든 운명의 결과는 자기 행동에 의해서 나타나며, 이것은 바로 자기 사고와 마음에 의해 이루어지는 것이다."

운명이란 곧 '그 주인공이 생각하는 바 그대로'라는 가르침이다. 필자의 역학 공부는 우연히 삼공 스승님을 만나면서부터 시작되었다. 스승님의 인품에 반해, 인간의 운명에 관한 호기심으로 시작한 역학이 이젠 짝사랑으로 변해 가슴 깊이 자리 잡고 만 것이다.

성현 공자(孔子, 기원전 551~기원전 479)께서도 나이 들어『주역』에 얼마나 심취했던지 가죽으로 묶은 끈이 여러 번 끊어질 정도로 탐독했다고 전한다. 또『사기』의 〈공자세가(孔子世家)〉에서는 공자가 말년에 이렇게 말했다며 전하고 있다.

'나에게 수년의 틈을 준다면, 나는 역에 정통할 것이다(假我數年, 若是, 我於易則彬彬矣).'

조선 시대 대표적인 실학자 다산(茶山) 정약용(丁若鏞, 1762~1836) 선생도『주역』의 대가였다. 다산 선생은 강진에 유배된 후 '눈으로 보는 것, 손으로 잡는 것, 입으로 읊는 것, 마음으로 생각하는 것, 붓으로 기록하는 것에서부터 밥을 먹고, 변소에 가며, 손가락을 놀리고, 배를 문지르는 것에 이르기까지 어느 하나도 주역 아닌 것은 없다.'라고 술회할 정도로『주역』연구에 몰두했고, 나중에는『주역사전(周易四箋)』이란 책도 저술했다. 그리고 다산은『주역사전』을 어찌나 소중히 여겼던지 아들에게 보낸 편지에서 이렇게 썼다.

'내 저술 중에『주역사전』만이라도 전승해 나갈 수 있다면, 나머지 책은 그냥 없애 버려도 좋다.'

공자나 다산과 같은 성현이 심취한 학문을 필자와 같은 문외한이 논한다는 것은 애당초부터 가당치 않은 일이었다. 조용히 공부하는 것도 과분한 일이거늘 『주역』 관련 책을 내고, 태극타로를 만든다는 것은 소도 웃을 일이었다. 그러나 수없는 망설임 끝에, 결국 『주역』을 새로운 방식으로 표현해 보기로 모질게 마음먹었다. 하지만 문장을 만들어 나갈수록 자신감은 사라졌고 회의감만 몰려왔다.

이 일이 과연 잘하는 일일까? 수천 년 전, 아니 그보다 훨씬 이전부터 현재에 이르기까지, 그 기나긴 세월 동안 역(易)을 목숨만큼이나 소중하게 여기며 발전시켜 온 선현에게 누를 끼치는 것은 아닌지……. 사실 지금 이 순간에도 걱정스럽기는 마찬가지다. 심오한 의미를 훼손하는 것은 아닌지 두렵기만 하다.

하지만 삼공 스승님께서는 그때마다 항상 용기를 불어넣어 주셨다. 아무것도 아닌 사람을 '대단한 사람'이라며 부끄러울 정도로 부추겨 세웠고, 필자도 이제 돌아서기에도 너무 많이 온 것 같다. 그래서 실낱같은 명분을 만들어 냈다.

'역의 씨앗은 태극이다. 그리고 태극은 배달겨레의 유산이다. 음양의 두 기운이 갈마들며 만들어 낸, 천지를 다 덮고도 남을 64괘의 신비를 널리 알리는 것은 배달민족의 후손으로서 당연한 도리다.'

이 마음은 진정이다. 태극기가 바람에 휘날릴 때마다 중앙에서 힘차게 회오리치는 3음 3양의 위용, 하늘을 나는 태극을 호위하듯이 네 귀퉁이를 둘러싼 8괘의 기운!

이것이 상징하는 의미를 아는 사람은 대한민국에 과연 얼마나 될까? 이뿐만이 아니다. 역을 최초로 체계화했고, 지금도 중국에서 동양 문화의 시조로 추앙받고 있는 6천 년 전 인물 태호 복희씨도 배달겨레의 핏줄이라고 하지 않는가.

선천(先天) 8괘도와 그 기운의 흐름을 태극으로 그려낸 태호 복희씨, 그는 분명히 태극기와 인과관계가 있는 인물이다. 그래서 태극기는 배달겨레의 인연법에 의한 '필연의 옥동자'가 아니겠는가.

'야, 이놈아! 지고지순한 역으로 무슨 말도 안 되는 억지를 그리 심하게 부리는 거냐? 역을 모독해도 유분수지, 하늘이 두렵지 않으냐!'

역학자로부터 이와 같은 비난과 질책이 무수히 쏟아질 것을 예견하면서도 끝까지 집필할 수 있었던 기운은, 바로 태극의 의미를 우리 민족은 물론이고 지구촌 곳곳까지 널리 알리고자 하는 일념 때문이었다. 무식한 놈이 용감하다는 말처럼.

나는 역이란 바람처럼 어느 한군데 머물지 않으며, 고정된 법칙이 없는 것이라고 배웠다. 『주역』 자체가 우주 만물의 모든 것을 걸어 놓을 수 있는 넉넉한 것일진대, 설사 잘못된 생각일지라도 걸어둘 괘는 있을 터이다. 나에게 역을 깨우쳐 주신 스승님과 많은 선배님께서도 널리 혜량해 주시리라 믿는다.

필자가 처음에 접근한 집필 내용은 지금과는 방향이 전혀 달랐다. '분석 주역'이라 이름을 붙여 놓고, 64괘 384효를 소뼈에 붙은 살을 발라내듯이 하나하나 그 성분을 분석해 공식화하는 것이었다. 『주역』의 괘사(卦辭)와 효사(爻辭)에서 전하는 길흉회린(吉凶悔吝)에는 분명히 일관된 원칙이나 단서가 숨어 있을 것으로 단정했다. 수학 공식 같은 원칙을 찾아내 누구라도 이해할 수 있도록 체계화해 볼 심산이었다. 그러나 무리였다. 나름대로 별별 머리를 다 굴렸지만 허사였다.

모든 효를 낱낱이 분석하다 보니 오히려 64괘의 길흉회린이 6개의 효로 모여드는 현상이 나타나는 게 아닌가. 그 결과 5효와 2효는 대부분의 괘가 길하고, 끝효는 간산괘 이외에는 대부분이 흉하고, 첫효는 진뢰괘를 제외하고는 대부분이 흉한 것으로 집약되었다. 그렇다면 굳이 64괘가 무슨 소용인가? 6개의 효만 던지면 길흉회린이 나타나는 것을……. 384효 성분을 모조리 분해해 보니 결국 실망감만 남고 말았다.

그 후 64괘와 384효를 입체화해 효의 무게를 저울에 달듯이 수치로 증명해 보이려 했지만, 그 또한 인내심 부족으로 중도에 하차하고 말았다.

그렇다고 그 훌륭한 역의 가치를 '맞아도 8패, 안 맞아도 8패'라는 비아냥거림 속에 묻어 두기에는 자존심이 허락하지 않았다. 그래서 6천 년 전 효사와 괘사에 쓰여 있는 문자에 매달리지 않기로 했다. 6천 년 전과 지금은 길흉의 의미 자체가 완전히 다르다. 일례로 옛날에는 고향을 떠나는 것만큼 불행한 일이 없었고, 여행길에 오르는 것만큼 위험한 일도 없었다. 그러나 오늘날은 어디 그런가? 고향을 지키며 살아야 한다는 개념이 사라진 지 오래다. 또 세계 각국을 누비고 다니는 것이야말로 부러움의 상징이며, 세계적인 능력자로 높이 평가받는 세상이 아닌가.

결국, 수많은 고민 끝에 해답을 찾은 것이 바로 이 책이다. 내친김에 용어도 현대적인 단어로 바꾸어 보려고 했다. 본래 의미를 훼손할 우려가 없지는 않기만, 태곳적 한자를 여과 없이 사용한다고 해서 그 시대의 의미를 오롯이 전달한다고 단언할 수 없기 때문이다. 오히려 젊은 세대도 쉽게 이해할 수 있는 용어로 바꾸는 것이 의미 전달에도 쉽고, 또 『주역』을 널리 알리는 데도 도움이 될 거라는 생각이다. 그리고 『주역』 본연의 고답적인 자세를 견지하는 것도 중요하지만, 그러다가는 역의 발상지 우리나라에서조차 서양 타로에 운명 예측의 자리를 내주고 말 것이라는 우려도 한몫했다.

이 책에 나오는 방법을 사용하면 길흉화복을 명확하게 판단할 수 있다고 자신한다. 동서고금을 막론하고 이 책만큼 객관적인 원칙에 입각한 점단법을 찾기란 결코 쉽지 않을 것이다.

그러나 자기 마음조차 다스리지 못하는 것이 인간이거늘 이 점단법으로 모든 사안을 제대로 적중시킬 수 있을까? 당연히 맞지 않을 수 있다. 세상에는 완벽한 것이란 없다. 그러나 잘못된 점단법이라서 그런 게 아니다.

맞지 않는 이유로는 여러 가지가 있을 수 있다. 태극타로를 뽑을 때 마음을 집중하지 않았을 수도 있고, 주체괘와 객체괘 이외의 환경적 요소나 감각적 요소를 감안하지 않았을 수도 있다. 또 맞은 것이 결과적으로는 안 맞은 것이 될 수도 있다. 점단 이후에 '심리' 또는 '반발심'이 작용하기 때문이다.

그리고 태극타로로 점단해 그 결과가 좋지 않게 나와도 언짢게 생각하거나 실망할 필요는 없다. 흉을 미리 알고 대비한다면 얼마든지 피해 갈 수 있음은 물론이고, 오히려 길로 바꿀 수도 있다. 어두운 밤길을 걷더라도 앞에 돌부리가 있는 것을 알고 조심해 걷는다면 얼마든지 피해 갈 수 있다는 말이다. 반면에 결과가 좋게 나왔다며 우쭐거리거나 함부로 행동하다가는 예기치 않은 불행을 만날 수도 있다.

고대 중국에서는 전술을 구사할 때 『주역』을 주로 활용했는데, 적의 동태를 미래 알고 전략을 세워 전쟁을 승리로 이끈 사례는 너무도 많다. 한낱 산적의 병졸에 불과했던 주원장(1328년~1398년)이 명나라를 건국하게 된 것도 유기(劉基, 1311~1375년)라는 훌륭한 역학자의 지략 덕분이었던 것이다.

아무튼 태극타로 점단법은 필자의 얄팍한 지식으로 지어낸 것이 아니다. 역사상 가장 훌륭한 역학자로 일컫고 있는 소강절 선생이 만든 『매화심역』과 그 판단 방법이 동일하다. 그러니 태극타로의 정확성을 믿기 바란다. 믿음이야말로 점단 적중률을 높이는 최고의 비법이다.

2015년 6월 30일 허용중

차례

추천사 ··· 4
책을 내면서 ··· 10

제1장　태극타로의 탄생 ··· 23

　　1. 왜 태극인가? ··· 24
　　2. 태극에서 64괘로 ··· 30
　　　　가. 효, 양의, 사상 ··· 30
　　　　나. 8괘 ··· 31
　　　　다. 64괘 ··· 33
　　　　　　1) 괘의 명칭 ··· 33
　　　　　　2) 64괘의 의미 ··· 34
　　　　　　3) 64괘의 형상 ··· 35
　　3. 태극타로의 원리 ··· 38
　　4. 태극타로의 특성 ··· 43
　　5. 주역, 매화심역, 타로, 그리고 태극타로 ··· 46
　　6. 태극타로의 구성 요소 ··· 49
　　7. 태극타로의 특징 ··· 52
　　8. 태극타로와 오행 ··· 56
　　　　가. 오행이란? ··· 56
　　　　나. 운명학에서 일반적인 오행 관계 ··· 57
　　　　다. 태극타로에서의 상생상극 관계 ··· 59
　　　　라. 8괘별 오행 ··· 62

마. 64괘별 오행 ··· 63

9. 태극타로의 길흉 판단 원리 ··· 67

  가. 주체괘와 객체괘의 상호 관계 ··· 67

    1) 주체괘 ··· 68

    2) 객체괘 ··· 69

      가) 객체괘란? ··· 69

      나) 객체괘의 종류 ··· 69

    3) 주체괘와 객체괘의 비교 ··· 71

    4) 객체괘 판단 순서 ··· 71

      가) 객체괘의 작용 ··· 71

      나) 상반될 경우 판단 요령 ··· 73

  나. 주체괘와 환경적 요소 간의 상호 관계 ··· 73

    1) 괘 이외의 환경적 요소 ··· 75

    2) 환경적 요소의 종류 ··· 76

      가) 5대 환경적 요소 ··· 76

        (1) 날씨 ··· 76

        (2) 장소 ··· 77

        (3) 때 ··· 78

          ① 연월일시로 판단하는 방법 ··· 79

          ② 계절로 판단하는 방법 ··· 80

        (4) 방위의 기운 ··· 82

        (5) 사람의 기운 ··· 85

      나) 감각적인 느낌 ··· 85

      다) 왕성과 쇠약을 감안한 판단 ··· 86

제2장 태극타로의 순서와 요령 ··· 89

1. 마음가짐 ··· 90

2. 카드 뽑는 순서와 방법 ··· 95

3. 길흉 판단 방법 ··· 96

4. 길흉 내용 판단 ⋯ 99

5. 성사 과정 판단 ⋯ 101

6. 성사 시기 판단 ⋯ 102

　가. 괘가 의미하는 수로 판단 ⋯ 102

　나. 괘가 속한 달로 판단 ⋯ 104

7. 방위 판단 ⋯ 107

제3장　사안별 판단 ⋯ 109

1. 인생에 관한 일 ⋯ 110

2. 주택에 관한 일 ⋯ 112

3. 결혼에 관한 일 ⋯ 114

4. 출산에 관한 일 ⋯ 116

5. 소망, 명예, 취직 ⋯ 118

6. 금전, 재산 ⋯ 120

7. 상거래 ⋯ 121

8. 여행, 출장 ⋯ 122

9. 가출, 조난 ⋯ 124

10. 만남 ⋯ 125

11. 분실 ⋯ 127

12. 질병 ⋯ 129

13. 소송 ⋯ 131

14. 신수, 운세 ⋯ 132

15. 기타 ⋯ 134

제4장　상대방과의 관계에 대한 판단 ⋯ 137

1. 상대방의 마음 점단 ⋯ 139

2. 본인과 상대방과의 관계 ⋯ 142

3. 상대방과의 입장 ⋯ 144

4. 생각이나 마음을 바꿀 경우 ⋯ 146

제5장 8괘별 의미 ··· 149

　　　1. 건괘(乾卦) ··· 150

　　　2. 태괘(兌卦) ··· 153

　　　3. 이괘(離卦) ··· 157

　　　4. 진괘(震卦) ··· 161

　　　5. 손괘(巽卦) ··· 164

　　　6. 감괘(坎卦) ··· 168

　　　7. 간괘(艮卦) ··· 171

　　　8. 곤괘(坤卦) ··· 174

제6장 64괘별 의미 ··· 179

제7장 활용 실례 ··· 247

　　　1. 매화점 ··· 249

　　　2. 질병점 ··· 254

제8장 태극타로 없이 점단하는 법 ··· 261

　　　1. 사주운 ··· 263

　　　2. 성명운 ··· 269

　　　3. 궁합운 ··· 273

　　　4. 개별 사안에 대한 운 ··· 277

끝맺으며 ··· 280

참고 문헌 ··· 285

부록 – 태극타로 ··· 287

제 **1** 장

태극타로의 탄생

1. 왜 태극인가?

우리가 생각하는 무한대의 공간 우주와 그 속에 존재하는 만물, 그리고 태초에서 영원으로 이어지는 시간이 탄생한 원리는 과연 무엇일까.

여기에는 태극설(太極說)이 있다. 태극은 원래 아무것도 없는 영(零)이며 무(無)이지만, 우주와 만유를 창조한 원기(元氣)이기 때문이다. 빛도 없고 기(氣)도 없고 물도 없고 움직임도 없는, 그야말로 진공(眞空) 상태로 수억 년의 세월이 흐른 뒤 비로소 하나의 기운이 씨앗처럼 생겨난 것이다. 그러나 이 유(有) 역시 무(無) 속에 있는 하나의 순수한 기운이었지 형체나 빛깔이 있는 물체는 아니었다.

우주는 그 하나의 기운으로 가득 채워진 채 숱한 세월을 지내다가 어느 순간, 일기(一氣)가 두 가지 기운으로 나누어지게 된다. 이것이 바로 음과 양이다. 움직이지 않는 기운을 음(陰), 움직이는 기운을 양(陽)이라 하였고, 이 둘을 합해 양의(兩儀)라 불렀다.

양의는 하늘과 땅에서 일월성신(日月星辰)과 삼라만상(森羅萬象)을 만드는데, 아무것도 없는 진공 상태에서 하나의 기운이 싹터 양의로 나뉘는 상태를 바로 태극 시대라고 한다.

태극은 아무것도 없는 무(無)의 상태인 동시에 천지 만물을 탄생시

킨 우주 태초의 씨앗과 같은 기운이다. 태극 상태에서 대폭발과 융합의 빅뱅으로 천지 만물이 탄생하였던 것이다.

『주역』〈계사전 상(繫辭傳 上)〉에서는 '역에 태극이 있으니 이것이 양의를 생하고, 양의가 사상을 생하고, 사상이 8괘를 생하였다(易有太極, 是生兩儀 兩儀生四象 四象生八卦).'라고 하였다. 즉 태극이 양의가 되고, 이 양의가 또 둘씩 나뉘어 태양(太陽), 소음(少陰), 소양(少陽), 태음(太陰)의 사상을 이루며, 또 사상이 둘씩 나뉘어 건(乾), 태(兌), 이(離), 진(震), 손(巽), 감(坎), 간(艮), 곤(坤)의 8괘가 되었다는 뜻이다.

중국 주돈이(周敦頤)의 『태극도설(太極圖說)』에도 '태극이 동(動)하여 양을 생하고, 정(靜)하여 음을 생하니, 이같이 음양으로 나뉜 것을 양의라 한다. 음이 변하고 양이 합하여 사상이 되고, 오기(五氣, 다섯 가지 기운, 즉 목·화·토·금·수)가 섞여 8괘가 되고, 이 8괘가 거듭하여 64괘가 된다.'라고 하였다.

우주에 있는 모든 천체와 자연현상, 산천초목을 비롯한 만물은 태극의 원리에 의해 창조되지 않은 것이 없다. 예를 들어 한 포기의 풀도 씨앗이 있으므로 해서 태어나는 것인데, 그 씨앗에는 음양의 두 기운이 농축되어 있으며, 태극의 기운에 의해 그 음양이 태어나고 자라는 것이다. 이 태극의 조화력은 참으로 불가사의한 것으로 아무것도 보이지 않는 무(無)에 불과하지만, 이것이 있음으로써 씨에서 싹이 트고, 풀의 근성대로 자라서 꽃이 피고 열매가 된다.

흔히들 인간을 소우주라고 한다. 이는 인간의 생로병사 과정이 우주가 운용되는 이치와 같아서 이르는 말이다. 인간이 태어나는 것은 우주 창시 때와 같은 태극 상태에서 비롯된다. 즉, 남녀가 교합해 음양의 정기가 합쳐지고 하나의 생명체가 창조되기 직전 상태를 태극이라 한다. 아무것도 없는 고요함 속에 잠재해 있던, 어마어마한 태극의 기운이 태동함으로써 생명이 맺어지는 것이다.

사람의 머리는 하늘을 상징하고, 발은 땅을 상징하며, 두 눈은 해와 달을 상징한다. 천지에 음양의 기운이 있듯이 사람에게도 음양의 기운이 있다. 천지에 오기(五氣)가 유행(流行)하듯이 인체 내에도 다섯 가지 기운이 돌고 있다. 이처럼 태극과 음양과 오행의 기운이 인간에게 모두 갖추어져 있으므로 인간과 우주를 동일시하는 것이다.

그러면 우리나라를 상징하는 국기는 왜 '태극기'인가? 우리나라 국기는 태극의 기운을 담은, 세계에서 유일한 태극 문양 국기이다. 가운데 원은 태극에서 음과 양이 힘차게 태동하는 모습이며, 네 귀퉁이에 있는 괘는 주역 8괘를 대표하는 건(乾), 곤(坤), 감(坎), 이(離)로 4개의 괘상(卦象)을 나타내고 있다.

건은 하늘을 의미하며 '만물을 덮는다'는 뜻이 있다. 곤은 땅을 의미하며 '만물을 품는다'는 뜻이 있다. 감은 물을 의미하는 동시에 달을 상징하기도 한다. 이는 불을 의미하는 동시에 해를 상징한다. 즉, 태극기에는 크게는 대우주가 담겨 있으며, 작게는 생명의 필수 불가결한 요소가 담겨 있다.

그리고 가운데 원은 양의 붉은 기운과 음의 파란 기운이 각각 아래와 위에서 휘감는 모습으로, 64괘 중 천지부(天地否)괘를 상징한다. 또 왼쪽 상단에 있는 건괘와 마주 보고 있는 오른쪽 하단의 곤괘를 합하면, 또한 천지부괘가 된다.

가운데는 태극 문양, 왼쪽 윗괘와 오른쪽 아
랫괘를 합하면 천지부괘, 오른쪽 윗괘와 왼
쪽 아랫괘를 합하면 수화기제괘가 된다.

천지부괘는 우주가 탄생하기 이전의 상태, 즉 새로운 우주가 탄생
하기 직전의 모습을 의미한다. 하늘과 땅이 아직 비색(否塞)하고, 물과
불도 아직 어울리지 않은 상태이다. 하지만 이제 곧 하늘과 땅, 즉 양
이 음으로 변하고 음이 양으로 변하며 지천태(地天泰)를 향해 작동할
것이다. 지천태는 하늘과 땅이 서로 사랑하는 태평성대를 의미한다.

한편 오른쪽 상단에 있는 감괘와 마주 보고 있는 왼쪽 하단의 이괘
를 합하면 수화기제(水火旣濟)괘가 된다. 수화기제는 물과 불이 잘 갖
추어진 완성의 상태를 말한다. 비색한 천지부 세상에서 완성된 수화기
제 세상으로 나아간다는 희망의 메시지를 간직하고 있다.

이처럼 태극기에 우주 창조의 기운과 우주 에너지가 그림과 괘상
으로 담겨 있는 것은 결코 우연한 산물이 아니다. 한국이 세계의 모
태요, 중심이라는 의미이다. 태극과 우리 민족의 인연은 태극기 문양
에서만 비롯된 것이 아니다. 태극의 원리를 최초로 창제한 태호(太昊)
복희(伏羲)씨도 배달민족의 핏줄로 알려져 있다. 그는 지금으로부터
5600년 전 배달국을 다스렸던 환웅천왕의 자손이다.

기원전 3897년, 백두산 신시에서 출발한 배달국은 단군조선이 개
국하는 기원전 2333년까지 1564년 동안 동북아의 대국으로 번성하는

데, 그 과정에서 태호 복희씨의 공덕이 가장 지대했다. 태호 복희씨는 원시 시대가 문명 시대로 바뀔 수 있도록 기틀을 마련한 동양 문화의 시조이자 주역을 만든 동양 역(易) 철학의 시조로 추앙받고 있다.

그는 문자가 만들어지기 이전에 음양의 변화 원리에 근거해서 건(☰), 태(☱), 이(☲), 진(☳), 손(☴), 간(☶), 감(☵), 곤(☷), 이렇게 8개의 부호를 창제했다. 이 부호가 바로 8괘이다. 그리고 각 괘로 천지간의 만사와 만물의 형상과 그 변화를 표현했는데, 여기서 역이라는 철학이 생겨나 수천 년 동안 이어져 오며 동양 문화와 동양 사상의 기틀이 되었다.

비록 지금은 역 철학이 주로 괘를 이용해 점을 치는 데 사용되고 있는 실정이지만, 역의 본질에서 본다면 이는 아주 작은 영역에 지나지 않는다. 역은 단순한 미래 예측이 아니라 자연의 법칙을 괘상으로 나타낸 것이다. 역은 동양 문화 곳곳에 스며들어 있으며, 철학, 종교, 과학, 기술, 나아가 의학, 무술에 이르기까지 응용되었다.

역이 만들어진 8개의 원소를 후세 사람들은 복희 8괘라고 부르고, 복희 8괘를 거슬러 올라가면 자연스럽게 태극을 만나게 된다. 따라서 우리나라 태극기에 새겨진 음양과 8괘를 처음으로 그린 사람은 바로 태호 복희씨라 할 수 있겠다.

복희씨의 선천8괘도를 보면, 남쪽에는 건괘(☰)로 하늘을 배치했으며, 북쪽에는 곤괘(☷)로 땅을, 서북쪽에는 간괘(☶)로 산을, 동남쪽에는 태괘(☱)로 연못을, 동북쪽에는 진괘(☳)로 우레를, 서남쪽에는 손괘(☴)로 바람을, 동쪽에는 이괘(☲)로 불을, 서쪽에는 감괘(☵)로 물을 배치했다.

복희 8괘의 배치 순서를 보면 동북쪽에서 양이 하나 생겨 남쪽에서 정점을 이루고, 서남쪽에서 음이 하나 생겨 북쪽에서 정점을 이루는 것으로 되어 있는데, 이 움직임 순서를 하나의 도형으로 표시한 것이 바로 태극 형상이다. 그 음양의 변화와 괘상을 백의민족을 상징하는 하얀색 천에 새긴 것이 태극기이니, 어찌 우연이라 할 수 있겠는가.

오랫동안 복희 8괘가 전해 내려오다가 주나라(기원전 1046년~기원전 256년) 때 문왕이 8괘의 방위를 바꾸어 새로운 8괘도를 만든 후 이 8괘를 서로 겹치게 해서 64괘로 발전시켰는데, 이게 바로 중국 최초의 경서 『주역』이다. 주역은 주나라의 역이라는 의미이다. 그래서 후세 사람들은 복희 8괘도를 선천8괘도, 문왕의 8괘도를 후천8괘도라 부르게 된다.

태극타로 또한 그 태극의 음양 변화를 64개 카드로 되살려낸 것이라 우주의 모든 물상과 이치가 담겨 있다. 이제 그 태극의 세계 속으로 들어가 보기로 하자.

▶ 태호 복희씨의 주역 8괘도

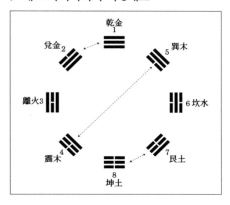

동북쪽에서 양이 발생하여 남쪽에서 정점을 이루고, 다시 서남쪽에서 음이 발생하여 북쪽에서 정점을 이루는데, 이것을 음양으로 나타내면 태극의 형상이 된다.

2. 태극에서 64괘로

가. 효, 양의, 사상

우주에 아무것도 없던 태극의 상태가 어느 순간 양과 음으로 나누어지는데, 그 나누어진 양과 음을 나타낸 부호가 바로 효다. 양을 상징하는 효(一)는 남성의 성기를 형상하듯 곧게 뻗어 있고, 음을 상징하는 효(--)는 여성의 성기를 형상하듯 가운데가 비어 있다. 태극에서 태어난 두 종류의 효, 즉 양효(一)와 음효(--)를 양의(兩儀)라고 하며, 이는 64괘의 출발점이다.

양효와 음효 위에 각각 음양을 놓으면 태양(⚌), 소음(⚎), 소양(⚍), 태음(⚏)의 4가지 모양이 생기는데, 이를 4상(四象)이라고 한다.

앞에서도 설명했듯이 『주역』〈계사전〉에 '역에 태극이 있으니 양의를 낳고 양의는 사상을 낳고 사상은 8괘를 낳는다.'라고 했으니, 8괘는 태극·양의·사상의 단계를 거쳐 형성된다. 양의는 음양 또는 천지를 가리키며, 이 양의가 변화하는 원리를 나타낸 것이 사상이다. 음양의 작용으로 생겨나는 사상은 춘하추동의 4계절, 목(木)·화(火)·금(金)·수(水)의 4원소, 소음(少陰)·태양(太陽)·소양(少陽)·태음(太陰)으로 표현한다.

효는 또 아래에서부터 이름을 붙여 첫효, 2효, 3효, 4효, 5효, 끝효로 부르며, 어떤 일이 이루어지는 순서로 해석하기도 한다. 즉, 첫효는 이제 막 시작하는 시기라 미숙한 상태로 보고, 끝효는 때가 다했거나 노쇠했다고 본다.

나. 8괘

효가 아래위 3층으로 늘어선 것을 8괘라고 한다. 음효와 양효, 이 두 종류의 효가 3층으로 조합되어 있으므로 2×2×2가 되어 모두 8개의 괘가 생겨난다.

8괘는 대자연을 구성하는 8대 요소로 하늘과 땅, 물과 불, 산과 연못, 바람과 우레를 상징한다. 그리고 8괘의 대표적인 형상물로 건(☰)은 천(天, 하늘), 태(☱)는 택(澤, 연못), 이(☲)는 화(火, 불), 진(☳)은 뇌(雷, 우레), 손(☴)은 풍(風, 바람), 간(☶)은 산(山, 뫼), 감(☵)은 수(水, 물), 곤(☷)은 지(地, 땅)다. 8괘는 단순히 8개의 상징물을 국한하는 것이 아니다. '괘(卦)'의 의미는 '걸다'는 뜻으로 옷을 종류에 따라 8개로 분류해 같은 종류끼리 옷걸이에 걸듯이 유사한 기질을 가진 우주 공간의 모든 유·무형의 물질을 8괘에 배속시킬 수 있다.

인간도 자연의 일부이므로 남녀노소에 따라, 혹은 성격에 따라, 혹은 행동에 따라 각각 8가지 유형으로 구분할 수 있다.

옛날에는 생물이 생기는 것도 생명 활동을 영위하는 것도 모두 8괘의 기운에 해당하는 것으로 보았다. 구름이 일어나고 태풍이 부는 등 대자연의 모든 현상도 8괘의 기운으로 나타냈다. 그리고 개인은 물론이고 단체, 국가의 명운까지도 모두 8괘의 기운이 작용하는 것으로 풀이했다.

또 8괘는 목·화·토·금·수, 이런 다섯 가지 기운(오행) 가운데 한 가지 기운을 가지고 있다. 즉, 건(☰)은 금, 태(☱)는 금, 이(☲)는 화, 진(☳)은 목, 손(☴)은 목, 간(☶)은 토, 감(☵)은 수, 곤(☷)은 토의 기운이 있다. 그리고 같은 오행일지라도 음의 기운과 양의 기운으로 구분되어 있다. 즉, 건(☰)은 양금, 태(☱)는 음금, 진(☳)은 양목, 손(☴)은 음목, 간(☶)은 양토, 곤(☷)은 음토의 기운을 갖고 있다. 이(☲)와 감(☵)은 하나뿐이므로 음양의 구별이 없다.

▶ 8괘의 대표적 형상과 음양오행

괘별	건괘 ☰	태괘 ☱	이괘 ☲	진괘 ☳	손괘 ☴	감괘 ☵	간괘 ☶	곤괘 ☷
형상	천(天)	택(澤)	화(火)	뇌(雷)	풍(風)	수(水)	산(山)	지(地)
음양	양	음	–	양	음	–	양	음
오행	금(金)	금(金)	화(火)	목(木)	목(木)	수(水)	토(土)	토(土)

▶ 8괘의 생성 과정

양의는 태극에서 양(—)과 음(--)으로 나뉘어 만들어진다. 사상은 양의에서 양(—)이 다시 양(—)과 음(--)으로, 음(--)이 다시 양(—)과 음(--)으로 나뉘어 만들어진다. 8괘는 사상이 다시 양(—)과 음(--)으로 나뉘어 만들어진다. 역은 이처럼 2진법으로 되어 있다.

다. 64괘

1) 괘의 명칭

8괘 2개를 아래위로 포갠 괘를 64괘라 한다. 8개의 괘가 서로 아래위로 자리를 바꿔 가며 합쳐져, 즉 8×8이 되어 모두 64개의 괘가 된다. 이 64개 괘는 고유의 이름이 있다. 64괘 이름은 위에 있는 8괘 대표 형상물 이름을 먼저 붙이고, 아래에 있는 8괘 대표 형상물 이름을 그다음에 붙인 후, 그 두 괘가 합해짐으로써 형성되는 의미의 단어를 끝에 붙인다.

가령 곤괘가 위에 있고 건괘가 아래에 있는 경우 곤괘의 형상 지(地)를 앞에, 건괘의 형상 천(天)을 그다음에 붙인 다음, 마지막으로 괘의 특성을 나타내는 태(泰)를 붙여 지천태(地天泰)괘라 하는 것이다.

▶ 64괘의 명칭

윗괘 / 아랫괘	건	태	이	진	손	감	간	곤
건	건위천	택천쾌	화천대유	뇌천대장	풍천소축	수천수	산천대축	지천태
태	천택리	태위택	화택규	뇌택귀매	풍택중부	수택절	산택손	지택림
이	천화동인	택화혁	이위화	뇌화풍	풍화가인	수화기제	산화비	지화명이
진	천뢰무망	택뢰수	화뢰서합	진위뢰	풍뢰익	수뢰둔	산뢰이	지뢰복
손	천풍구	택풍대과	화풍정	뇌풍항	손위풍	수풍정	산풍고	지풍승
감	천수송	택수곤	화수미제	뇌수해	풍수환	감위수	산수몽	지수사
간	천산둔	택산함	화산려	뇌산소과	풍산점	수산건	간위산	지산겸
곤	천지부	택지췌	화지진	뇌지예	풍지관	수지비	산지박	곤위지

2) 64괘의 의미

괘	특성	괘	특성	괘	특성	괘	특성
건위천	강건	화천대유	빛남	풍천소축	불화	산천대축	쌓음
천택리	따름, 예의	화택규	등짐	풍택중부	믿음	산택손	허실
천화동인	협력, 동지	이위화	고움	풍화가인	내치	산화비	꾸밈
천뢰무망	재앙	화뢰서합	씹음	풍뢰익	가득 참	산뢰이	기르다(養)
천풍구	우연	화풍정	안정	손위풍	순한 마음	산풍고	부패
천수송	불신	화수미제	미완	풍수환	발산	산수몽	어리석음
천산둔	쇠퇴	화산려	이동	풍산점	향진(向進)	간위산	부동(不動)
천지부	비색	화지진	나아감	풍지관	바라봄	산지박	떨어짐
택천쾌	결행	뇌천대장	강함	수천수	기다림	지천태	태평
태위택	기쁨	뇌택귀매	아양	수택절	절제	지택림	관용
택화혁	개혁	뇌화풍	성대	수화기제	완성	지화명이	어두움
택뢰수	따름	진위뢰	놀람	수뢰둔	어려움	지뢰복	부흥
택풍대과	넘침	뇌풍항	항구	수풍정	불변	지풍승	상승
택수곤	곤란	뇌수해	흩어짐	감위수	험난함	지수사	비상
택산함	감응	뇌산소과	다침	수산건	고난	지산겸	겸손
택지췌	모임	뇌지예	기쁨	수지비	친화	곤위지	유순

3) 64괘의 형상

11. 건위천(☰, 乾爲天) - 여섯 용이 하늘에 오르는 상.

12. 천택리(☰, 天澤履) - 호랑이 꼬리를 밟은 상.

13. 천화동인(☰, 天火同人) - 어두운 밤길에 등불을 얻은 상.

14. 천뢰무망(☰, 天雷无妄) - 우레가 여름 벼락을 만나는 상.

15. 천풍구(☰, 天風姤) - 봉황새를 쫓다가 꾀꼬리를 만나는 상.

16. 천수송(☰, 天水訟) - 도리와 실리가 서로 멀어지는 상.

17. 천산둔(☰, 天山遯) - 짙은 구름이 해를 가리는 상.

18. 천지부(☰, 天地否) - 하늘과 땅이 서로 멀어진 상.

21. 택천쾌(☰, 澤天夬) - 신검(神劍)으로 뱀을 베는 상.

22. 태위택(☰, 兌爲澤) - 달이 연못에 비친 상.

23. 택화혁(☰, 澤火革) - 썩은 풀에서 나오는 반딧불의 상.

24. 택뢰수(☰, 澤雷隨) - 말을 버리고 사슴을 쫓는 상.

25. 택풍대과(☰, 澤風大過) - 언 나무가 꽃을 피우는 상.

26. 택수곤(☰, 澤水困) - 연못에 물이 없는 상.

27. 택산함(☰, 澤山咸) - 꾀꼬리가 노래하고 봉황이 춤을 추는 상.

28. 택지췌(☰, 澤地萃) - 물고기와 용이 연못에 모여드는 상.

31. 화천대유(☰, 火天大有) - 해가 중천에서 빛나는 상.

32. 화택규(☰, 火澤睽) - 복숭아꽃과 자두꽃이 서로 경쟁하는 상.

33. 이위화(☰, 離爲火) - 꿩이 그물에 걸린 상.

34. 화뢰서합(☰, 火雷噬嗑) - 턱 사이에 물질이 끼어 있는 상.

35. 화풍정(☰, 火風鼎) - 옛것을 버리고 새것을 취하는 상.

36. 화수미제(䷿, 火水未濟) - 동트는 바다에 빛이 떠오르는 상.

37. 화산려(䷷, 火山旅) - 해가 서산으로 기우는 상.

38. 화지진(䷢, 火地晉) - 옥으로 된 계단을 오르는 상.

41. 뇌천대장(䷡, 雷天大壯) - 맹호가 돌진하는 상.

42. 뇌택귀매(䷵, 雷澤歸妹) - 소녀가 장년 남자를 따르는 상.

43. 뇌화풍(䷶, 雷火豊) - 어둠을 등지고 밝음을 향하는 상.

44. 진위뢰(䷲, 震爲雷) - 소리는 있으나 형체가 없는 상.

45. 뇌풍항(䷟, 雷風恒) - 사시사철 변하지 않는 상.

46. 뇌수해(䷧, 雷水解) - 초목이 봄을 맞아 기지개를 켜는 상.

47. 뇌산소과(䷽, 雷山小過) - 형제가 등을 돌리는 상.

48. 뇌지예(䷏, 雷地豫) - 흙을 뚫고 새싹이 올라오는 상.

51. 풍천소축(䷈, 風天小畜) - 갑(匣) 속에 들어 있는 보검의 상.

52. 풍택중부(䷼, 風澤中孚) - 어미 새의 울음에 새끼가 화응하는 상.

53. 풍화가인(䷤, 風火家人) - 딸들이 집안에서 가사를 돌보는 상.

54. 풍뢰익(䷩, 風雷益) - 작은 물방울이 강물을 더하는 상.

55. 손위풍(䷸, 巽爲風) - 초목이 바람 따라 춤추는 상.

56. 풍수환(䷺, 風水渙) - 배가 순풍에 나아가는 상.

57. 풍산점(䷴, 風山漸) - 산에서 나무가 자라는 상.

58. 풍지관(䷓, 風地觀) - 봄꽃이 경쟁하듯 피어나는 상.

61. 수천수(䷄, 水天需) - 구름만 끼고 비가 오지 않는 상.

62. 수택절(䷵, 水澤節) - 계절이 때를 어기지 않는 상.

63. 수화기제(䷾, 水火旣濟) - 음과 양이 잘 배합된 상.

64. 수뢰둔(䷂, 水雷屯) - 용이 얕은 물에 있는 상.

65. 수풍정(䷯, 水風井) - 구슬이 깊은 바닷속에 잠긴 상.

66. 감위수(䷜, 坎爲水) - 보물을 실은 배가 파선하는 상.

67. 수산건(䷦, 水山蹇) - 산에 안개가 가득 끼어 있는 상.

68. 수지비(䷇, 水地比) - 물이 땅을 적시며 흐르는 상.

71. 산천대축(䷙, 山天大畜) - 금이 바위 속에 있는 상.

72. 산택손(䷨, 山澤損) - 땅을 파서 산을 이루는 상.

73. 산화비(䷕, 山火賁) - 서산 위의 하늘이 노을에 물든 상.

74. 산뢰이(䷚, 山雷頤) - 나무에 새들이 깃든 상.

75. 산풍고(䷑, 山風蠱) - 대문 안에 도적이 숨은 상.

76. 산수몽(䷃, 山水蒙) - 험한 산에 짙은 구름이 걸린 상.

77. 간위산(䷳, 艮爲山) - 산이 이어져 태산(泰山)을 이룬 상.

78. 산지박(䷖, 山地剝) - 쥐가 창고에 구멍을 내는 상.

81. 지천태(䷊, 地天泰) - 작은 것이 가고 큰 것이 오는 상.

82. 지택림(䷒, 地澤臨) - 위 신분이 아래로 임하는 상.

83. 지화명이(䷣, 地火明夷) - 밝은 곳에서 어두운 곳으로 들어가는 상.

84. 지뢰복(䷗, 地雷復) - 반복해서 왕래하는 상.

85. 지풍승(䷭, 地風升) - 작은 것을 쌓아 큰 것을 이루는 상.

86. 지수사(䷆, 地水師) - 땅속으로 물이 스며드는 상.

87. 지산겸(䷎, 地山謙) - 땅속에 산이 있는 상.

88. 곤위지(䷁, 坤爲地) - 기름진 땅에 오곡을 심는 상.

3. 태극타로의 원리

태극타로 모양은 64개 태극 문양을 음과 양의 비중과 위치에 따라 형상화한 것으로, 그 점단 원리는 유명한 매화심역 점단법과 다를 바가 없다.

『매화심역』은 중국 북송(北宋) 시대의 다섯 선생 중 한 사람으로 꼽힐 정도로 존경받던 소강절(邵康節, 1011년~1077년) 선생에 의해 탄생한 역술이다. 강절(康節)은 그가 죽은 후 후대 사람들이 존경의 의미를 담아 부른 시호이며, 생전의 호는 옹(雍)이었다.

소강절은 주역으로 미래를 꿰뚫어 보는 예지 능력이 남달랐다. 그래서 임금에게 여러 차례 관직을 제수받았으나 어떤 것도 받아들이지 않았고, 시정(市井)의 은자로서 모든 사람과 접하며, 술을 들고 담소를 즐기며 하루하루를 보냈다. 참고삼아 소강절이 예지 능력을 갖추게 된 일화를 소개한다.

소강절이 30대 시절, 그는 산림에 은둔해 생활하고 있었다. 역을 연구하기 위해서였다. 겨울에도 난방을 하지 않았고 여름에는 부채를 사용하지 않았다. 오로지 역 연구에만 몰두하고 있어서 더위와 추위를 느끼지 못할 정도였다. 하지만 여전히 높은 경지에는 이르지 못하고 있었다. 벽에다 역의 괘를 그려 붙여 놓고 항상 그것만 생각했고, 그래서 역의 이치를 깨달아 새로운 점법을 만들고 싶었지만, 그 조짐조차 나타나지 않는 것이었다.

그러던 어느 날, 지친 소강절이 낮에 꾸벅꾸벅 졸고 있었다. 그때 방 안에 쥐가 한 마리 나타나더니 쪼르르 지나다니는 것이었다. 소강절은 쥐가 돌아다니는 시끄러운 소리를 참지 못하고 옹기로 만든 베개를 쥐를 향해 냅다 던져 버렸다. 그런데 아뿔싸! 쥐는 맞히지도 못한 채 베개만 깨지고 만 것이 아닌가. 바로 그 순간, 깨진 베개에서 무언가 적혀 있는 종이가 튀어나왔다. 그 종이를 얼른 집어 들고 읽어 보니 이렇게 적혀 있었다.

'이 베게는 현인 옹(雍)에게 팔린 후 어느 연월일시에 쥐로 인해 부서질 것이다.'

"아! 이건, 도대체?"

아무리 대단한 소강절이라 할지라도 여기서는 놀라움을 감출 수 없었다. 그는 서둘러 베개를 샀던 옹기점으로 가서 자초지종을 물어보기로 했다. 그런데 그 옹기점 일꾼은 이렇게 말했다.

"아, 그 이야기를 듣고 보니 노인 한 사람이 역서를 들고 여기에 종종 놀러 오곤 했습니다. 그 종이는 아마 그 노인이 써서 옹기 배게 속에 넣은 것일 겁니다. 아무도 그런 장난은 하지 않으니까요. 그런데 그러고 보니 그 노인이 여기 오지 않은 지도 상당히 오래된 것 같습니다."

"그럼, 그분은 지금 어떻게 지내고 계실까요?"

"그건 저의 집안이 아니라서 잘 알지 못하지만, 그 노인의 집을 알고 있으니 원하시면 안내해 드리지요."

소강절은 그와 함께 가 보기로 했다. 그 집에 도착하니 노인은 이미 이 세상 사람이 아니었다.

"그러고 보니 아버지가 살아계실 때 이상한 말을 한 것이 기억나는군요. 아버지께서는 '어느 때 이 집에 한 현인이 방문해 올 것이다. 그때 네가 이 책을 그 사람에게 드리도록 해라. 그러면 너희에게도 좋은 일이 있을 것이니라.'라고 말씀하셨지요. 잠깐만 기다리십시오. 그 날짜가 적힌 것이 어디엔가 있을 것입니다."

아들은 이렇게 말하더니 조금 이따가 놀란 얼굴로 나타났다.

"찾았습니다. 이것인 듯합니다."

그는 소강절에게 책 한 권을 보였다. 거기에 적혀 있는 날짜가 바로 그날이었던 것이다. 또 현인의 이름도 '소옹(邵雍)'이라고 씌어 있었다.

"당신이 정말 소 씨입니까?"

"정말 그러합니다."

"그렇습니까, 그러면 틀림없으니 유언대로 이 책을 드리겠습니다."

그 집안사람은 노인의 손으로 쓴 것으로 보이는 책 한 권을 소강절에게 내어 주었다. 소강절이 그 책을 삼가 받들어 섬기는 마음으로 열어 보니, 그것은 역서로 거기에는 점단의 비결이 적혀 있었다. 그것도 지금까지 점법과는 완전히 다른 것이었다. 소강절은 그 점법을 참고로 해서 역을 세울 수 있었고, 그 점법으로 판단해 보았더니 그 집에는 백금이 묻혀 있었다.

"당신 아버지께서 살아계실 때 상당한 백금을 묻어 두셨습니다. 마루 밑에 있으니까 파 보십시오. 집 북서쪽에 있는 마루인 듯합니다. 그것으로 아버지 장례식을 훌륭하게 치르도록 하십시오."

소강절의 이 말을 들은 사람들이 이상하게 생각하면서 북서쪽 마루 밑을 파 보았다. 그랬더니 점단대로 정말 백금이 나왔다.

소강절은 그 책을 갖고 돌아와 연구에 열중했다. 그리고 후에 소강절이 매화를 보고 있을 때 참새가 싸우다 땅에 떨어지는 것을 보고 역을 세우는데, '다음 날 저녁에 인근 처녀가 와서 매화나무 가지를 꺾다가 다리를 다친다.'라고 판단하기에 이른다.

그래서 이것이 세상에 '관매점(觀梅占)'으로 널리 알려지게 된 것이다. 『매화심역』의 매화(梅花) 또한 여기에서 나온 것이며, 『매화심역』을 다른 이름으로 『매화역수』라고도 한다.

소강절의 매화심역으로는, 크게는 국가의 추세로부터 작게는 몸 주위의 사소한 문제, 가령 옹기로 만든 베개가 깨지는 것까지 판단할 수 없는 게 없었는데, 그중에 이런 이야기도 남아 있다.

어느 날 소강절은 의자의 다리 하나를 보고 역을 세운 다음 의자 뒤쪽에 '이러이러한 연월일에 선인이 앉다가 이 의자는 부서진다.'라고 써놓았다. 그 후 어느 날 어떤 사람이 와서 그 의자에 앉자마자 의자가 부서지고 말았다. 그 사람은 자신이 의자를 부수고 말았다며 미안해했지만 소강절은 조금도 화를 내지 않았다.

"아닙니다, 아니에요. 사람과 물건에는 각각 그 정해진 운명이 있는데, 그것은 이미 수에 의해서 결정되어 있는 것입니다. 이 의자가 부서진 것을 보면 아무래도 당신은 참으로 선인이신 듯합니다."

이런 말을 하고 나서 부서진 의자 뒷면을 그 사람에게 보여 주었다. 그 순간 그 사람은 깜짝 놀라 쏜살같이 소강절의 집을 뛰쳐나가 버렸고, 그것을 마지막으로 다시는 돌아오지 않았다. 그 후 소강절은 매화심역에 다음과 같은 말을 남겼다.

'운명이라는 것은 귀신이라고 해도 도망갈 수 없는 것이다. 하물며 인간이나 물건이 어찌 도망갈 수 있겠는가?'

이처럼 운명을 해석하는 뛰어난 방법 중 하나가 바로 매화심역이다. 태극타로와 매화심역은 원리가 동일하기 때문에 점단의 정확성은 의심할 여지가 없다.

4. 태극타로의 특성

태극타로는 다른 점술처럼 술사의 그럴듯한 언변이나 약삭빠른 눈치에 따라 길흉화복이 제멋대로 달라지는 점단법이 아니다. 본괘를 중심으로 길흉을 파악하며, 그 원칙은 일정하게 정해져 있기 때문이다. 따라서 주역에 대해 공부한 적이 없는 초심자라 할지라도 금방 습득할 수 있다.

만약 당신이 출세를 위해 온갖 노력을 다 기울인다고 하자. 그런데 당신이 가진 것이라고는 몸뚱이 하나밖에 없으며, 도와주려는 사람도 주위에 아무도 없으며, 오히려 끌어내리려는 사람만 있다고 하면 목적을 달성하기란 참으로 어려울 것이다.

반면에 좋은 집안에서 태어난 데다가 도와주려는 사람도 주위에 많다면 큰 노력을 기울이지 않고도 쉽게 원하는 바를 손에 넣을 수 있을 것이다. 이처럼 재능이 같은 수준이라면 성공 여부는 환경과 크게 관계된다는 것을 어느 정도 인생을 살아본 사람이라면 쉽게 수긍할 것이다. 태극타로는 이와 같은 이치에 뿌리를 두고 있다.

점단 방법은 먼저 괘와 효 카드를 뽑은 다음, 해당 괘와 효의 특성을 파악하는 데서부터 출발한다. 64개 괘에는 제각기 특성이 있으며 길흉의 의미도 함께 내포되어 있다. 또 64개 괘에는 각각 6개의 효가 있으며, 그 효의 위치에 따라 길흉화복을 달리 해석한다. 주역점은 그 괘와 효의 특성을 보고 판단하는 방법을 취하고 있다. 하지만 그 괘와 효의 특성을 제대로 파악하기란 결코 쉬운 일이 아니다. 오랜 세월에 걸쳐 많은 노력을 기울여도 그 뜻을 제대로 이해하기란 쉽지 않다. 그러다 보니 해석하는 사람에 따라 길이 흉으로 바뀌기도 하고, 흉이 길로 뒤집히기도 한다.

그러나 태극타로에서는 괘가 상징하는 전체적인 의미를 파악한 다음, 주체괘와 객체괘의 상호 관계를 비교해서 판단하면 된다. 즉, 점을 묻는 사람이나 그 사람이 알고 싶어 하는 사안을 '주체괘'로 삼고, 그 주체에 영향을 주는 모든 대상물을 '객체괘'로 삼는다. 그리고 나서 주체괘와 객체괘의 관계를 비교함으로써 길흉이나 성사 여부를 점단하는 것이다.

길흉의 원인을 구체적으로 알려면 8괘의 의미를 보면 된다. 만약 길하다면 도와주는 8괘의 상의를 보면 무엇 때문에 길하게 되었는지를 알 수 있고, 흉하다면 해치는 8괘의 상의를 보면 무엇 때문에 흉한지를 판단할 수 있다. 이와 동시에 길을 얻는 방법이나 흉을 피하는 방법도 파악할 수 있다.

주체괘가 되는 사람의 역량은 어느 정도인지, 시기적으로 어느 정도의 능력을 발휘할 수 있는지, 그리고 그 주변에 방해꾼은 없는지, 협력자는 얼마나 있는지, 이러한 요소가 서로 얽혀 있는 상황을 8괘 오행을 통해 비교해서 판단한다는 말이다.

주체괘가 아무리 훌륭한 역량을 가지고 있다 하더라도 여러 객체괘로부터 제압을 당하고 있다면 꾀하는 일이 성사되기 어렵다. 반면에 주체괘가 큰 역량을 가지고 있지 않더라도 여러 객체괘로부터 도움을 받고 있다면 꾀하는 일은 쉽게 성사될 것이다.

실제로 이와 같은 사례는 우리 인간사에 비일비재하다. 재벌가에서 태어났다면 부모를 잘 만났다는 이유 하나만으로 자신의 능력과는 상관없이 부귀영화를 누리듯이 괘의 상호 관계를 인간관계에 대입해 생각해 본다면 태극타로의 원리를 쉽게 이해할 수 있다.

5. 주역, 매화심역, 타로, 그리고 태극타로

『매화심역』과 태극타로의 차이점은, 매화심역은 특정 물질을 사용하지 않고 점단하는 날짜와 사물의 모습, 방위 등을 이용해 괘를 만드는데 비해, 태극타로는 카드라는 매개체를 통해 괘를 얻는다는 점이다. 주역의 경우는 서죽(筮竹)이나 동전, 솔잎, 콩알, 쌀알, 글자 수 등 매개체가 되는 특정 물건을 사용하여 괘를 얻는 것이 일반적이다.

매화심역에서 연월일시를 이용해 괘를 만드는 것은 '점을 일으키려고 생각하는 바로 그 순간에 이미 미래에 대한 답이 들어 있다'는 관념에서 비롯된 것이다. 이에 비해 태극타로는 궁금한 점을 생각하면서 카드를 뽑는 순간, 하늘의 응답이 괘를 통해 나타난다고 생각한다. 두 가지 견해 모두 주역에 근거를 두고 있음은 물론이다. 요즘 젊은 층에서 인기를 얻고 있는 타로 또한 원리는 마찬가지다.

만들어진 괘에 대한 해석 방법은 태극타로와 동일하다. 다만 사용하는 용어가 다르다. 매화심역에서는 주체가 되는 괘를 '체'로, 그 비교 대상이 되는 괘를 '용'이라고 일컫는다. 이에 반해 태극타로에서는 주체가 되는 괘를 '주체괘'로, 그 비교 대상이 되는 괘를 '객체괘'라고 한다. 매화심역에서는 용어와 의미를 따로따로 익혀야 하는 경우가 많기 때문에 그 번거로움을 해결하기 위해 용어와 의미를 통일시켰다.

주역점에서는 괘의 오행을 비교하는 방식이 이용되기도 하지만 전체적으로는 『역경』에 씌어 있는 괘사와 효사로 판단하는 방법을 취하고 있다. 태극타로에서는 괘를 만드는 방법은 주역의 방식을 취하고, 판단 방법은 매화심역의 방식을 취하고 있다.

이를 좋게 보면 양자의 장점을 모두 취했다고 할 수 있겠다. 하지만 주역의 방식으로 괘를 지었다면 길흉 해석도 주역의 방식을 따라야지 매화심역의 방식으로 풀이한다면 이치에 맞지 않는다고 볼 수 있겠으니, 이에 대해 두 가지 이유를 들어 해명하고자 한다.

첫째, 소강절이 매화심역을 창안할 당시에도 이미 서죽 같은 도구를 통해 괘를 얻는 방법이 오래전부터 전해 오고 있었다. 또 십간십이지(十干十二支)를 오행으로 나누어 그 상생상극으로 판단하는 명리학 또한 이미 세상에 보편적으로 존재하고 있었다.

그 시절보다 1천 년 이상이나 이전, 한나라 시대 경방(京房, 기원전 77년~37년)은 괘는 물론이고 효까지 오행으로 분류했고, 또 괘 오행과 효 오행의 상호 관계를 통해 길흉을 판단하는 방법을 고안해 놓았는데, 이것만 보더라도 도구를 사용한 시기를 짐작할 수 있다.

그래서 소강절은 도구를 통해 괘를 만들고, 만들어진 괘를 상호 비교해 길흉을 판단하는 방식에서 한 걸음 더 나아가 도구를 사용하지 않고도 괘를 만들어 판단하는 방법에 대해 고민한 것이다. 따라서 도구를 이용하였든지 도구를 이용하지 않았든지 간에 어떤 방식으로든 괘를 얻고 나면, 그 이후에는 주체괘와 객체괘의 원리, 즉 '체용'의 원리를 적용해 판단하는 방법을 설명하고자 했던 것이다.

소강절이 매화심역에서 도구를 이용하는 방법을 언급하지 않은 것은 당시 세상에 없던 방법, 즉 도구 없이 괘를 만들어도 정확하게 예측할 수 있다는 것을 알리고자 했기 때문으로 보아야 한다.

둘째, 역에서는 특정한 괘를 얻는 것을 하늘의 감응에 의한 것으로 보고 있다. 그래서 괘를 얻는 방법은 어느 한 가지 원칙만 있는 것이 아니라 여러 가지 방법이 있다. 역학자에 따라 괘를 만드는 방식이 제각기 다를지라도 하나의 작괘 방법을 따르기만 한다면 하늘은 그 방식에 입각해서 괘를 지어 보이는 것이 역의 이치라는 말이다. 다만 정확한 응답을 얻기 위해서는 좋은 도구가 아니라 간절한 마음이 필요할 뿐이다.

즉, 마음을 태극타로 방식으로 정해 놓고 카드를 뽑는다면, 뽑혀 나온 괘가 곧 질문에 대한 하늘의 응답인 것이며, 이를 정해진 원칙에 따라 정확하게 풀이하면 되는 것이다. 이것이 바로 주역이 6천 년이라는 장구한 역사를 거치며 수많은 사람과 인생길을 함께한 이유이기도 하다.

6. 태극타로의 구성 요소

주역 64괘와 그 중간괘가 그려진 카드 64장을 괘 카드라 하고, 괘와는 관계없이 몇 번째 효가 변하는지만 표시한 6장의 카드를 효 카드라고 한다. 괘 카드만으로 점단하는 방법도 있으나 괘 카드와 효 카드를 각각 한 장씩 뽑아 이를 근거로 점단하는 것이 일반적인 방법이다.

한 장의 카드에는 상하좌우로 8괘 4개가 있다. 왼쪽 상하에 있는 8괘 2개를 합친 것을 본괘라고 하고, 가운데 있는 태극 문양도 본괘를 나타낸 것이다. 하나의 괘가 6개의 효로 구성되어 있기 때문에 원을 6등분하여 각 효마다 색깔로 음양을 구분했다. 붉은색은 양의 기운이며 파란색은 음의 기운이다. 오른쪽 상하에 있는 8괘 2개를 합친 것은 중간괘이다. 중관괘는 본괘의 여섯 효 중에서 첫효와 끝효를 뺀 나머지로 만든다.

▶ 괘 카드: 주역 64괘와 그 중간괘가 그려진 카드

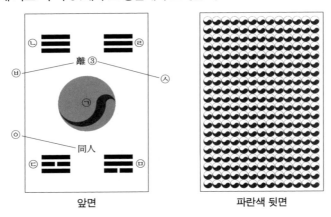

앞면 　　　　　　　　 파란색 뒷면

▶ 효 카드: 괘와는 관계없이 몇 번째 효가 변하는지만 표시한 카드

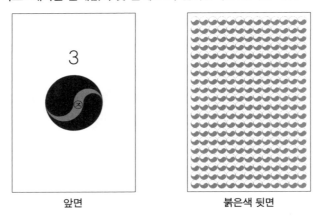

앞면 　　　　　　　　 붉은색 뒷면

ⓐ 태극 문양: 하나의 괘는 6개의 효로 구성되기 때문에 6등분 하여 음과 양을 표시하
　 며, 붉은색은 양, 파란색은 음을 의미한다. 음양 순서는 본괘와 같다.
ⓑ 본괘의 윗괘: '변하는 효'의 위치에 따라 주체괘가 되거나 상대괘(객체괘의 하나)가
　 된다.
ⓒ 본괘의 아랫괘: 변하는 효의 위치에 따라 주체괘가 되거나 상대괘(객체괘의 하나)가
　 된다. ⓑ과 ⓒ을 합친 괘를 '본괘'라고 한다.

ⓔ 중간괘의 윗괘: 변하는 효의 위치에 따라 주체중간괘, 또는 상대중간괘가 된다.

ⓜ 중간괘의 아랫괘: 변하는 효의 위치에 따라 주체중간괘, 또는 상대중간괘로 구분된다. ⓔ과 ⓜ을 합친 괘를 '중간괘'라고 한다.

ⓗ 어머니괘: 괘 카드의 본성으로, 이 어머니괘를 보고 오행의 성질을 파악한다.

ⓢ 어머니괘의 세대수: 어머니괘로부터 탄생한 차례로, '본효'의 위치를 말한다.

ⓞ 괘 카드의 이름: 괘의 성격을 함축적으로 나타낸다.

ⓩ 변하는 효

7. 태극타로의 특징

⊙ 태극타로는 다른 타로나 점술과는 달리 간단한 원리만 익히면 몇 시간 안에 터득할 수 있으며, 생활 속에서도 응용할 수 있다. 여기서 공부를 더 하면 주역 점단은 물론이고 오행역에서도 활용할 수 있다. 역에 대한 지식과 8괘나 64괘의 의미를 익힌다면 그 깊이와 넓이는 무궁무진해질 것이다.

⊙ 태극타로는 사안별로 길흉을 분명히 파악할 수 있다. 역의 원리는 천지 만물이 5종류의 '기(氣)'로 구성되어 있다는 것이다. 이 5종류의 기를 오행이라 하는데, 목·화·토·금·수, 이렇게 각기 다른 다섯 가지 기운을 갖고 있다. 이 다섯 가지 기운이 순환하면서 변화가 일어나고, 그 변화에 따라 길흉 성패가 결정된다.

태극타로는 오행의 관계, 즉 상생상극을 사용해서 판단하기 때문에 길흉을 객관적이고 분명하게 파악할 수 있다. 8괘의 오행과 상호 관계만 알면 쉽게 미래의 궁금증을 해소할 수 있다.

⊙ 태극타로는 어떤 사안의 결과에 대한 판단뿐만 아니라 그 일이 전개되는 과정까지도 판단할 수 있다. 또 결과에 대한 타개책도 마련할 수 있다. 괘의 의미를 파악하고, 괘의 상호 관계를 비교함으로써 종합

적으로 판단할 수 있다.

　괘의 상의를 통해 주체괘를 도와주는 괘는 무엇인지, 해를 끼치는 괘는 또 무엇인지를 보고 그 원인이나 타개책까지도 알아낼 수 있다는 말이다. 그리고 단순히 길흉을 예지하는 것에 그치지 않고 어떻게 처신해야 할지에 대한 처세까지도 파악할 수 있다.

⊙ 일반적인 카드 점의 경우 같은 카드가 나오면 때와 장소가 다름에도 불구하고 거의 유사하게 판단하는데 태극타로는 점을 하는 시점에 따라 점단 내용이 다르다. 같은 카드를 뽑았다 하더라도 그 계절이나 월과 일에 따라 괘의 기운이 다르기 때문에 점단하는 내용도 다르다. 그만큼 점단 내용이 다양하고 자연의 순리에 부합한다고 할 수 있겠다.

⊙ 일이 이루어지는 가장 길한 시기를 알 수 있다. 태극타로 상단 가운데 부분에는 8괘 이름과 함께 숫자가 씌어 있다. 8괘 이름은 그 괘의 어머니괘를 나타내며, 숫자는 점단하는 주인공에게 해당하는 본효의 위치를 말한다. 오행역에서는 어머니괘의 오행과 본효의 오행을 비교 분석해서 어떤 일이 언제 이루어질 것인가를 예측한다.

⊙ 음양의 변화만을 그림으로 나타내었기 때문에 형상이 간단명료하다. 대부분의 타로에는 그림 속에 색깔이나 숫자가 많이 담겨 있어서 그 내용을 모두 숙지해야 한다. 그러나 태극타로는 그림으로 풀이하는 방식이 아니라 원리 원칙에 입각에서 풀이하는 방식이다. 간단한 태극 형상 속에 삼라만상의 이치가 모두 내포되어 있기 때문이다.

⊙ 괘를 제대로 얻기 위해서는 정신 집중이 생명이다. 『역경』에 설명되어 있는 방법으로 주역점을 할 경우에는 향을 사르고 서죽을 18번이나 갈라야 한다. 그로 인해 정신 집중이 끊어지기 쉬우므로 서죽을 6회 뽑거나 3회만 뽑는 방법을 사용하기도 한다.

태극타로는 괘 카드 한 장, 효 카드 한 장, 모두 두 장의 카드로 판단하므로 카드를 뽑는 순간이 아주 짧다. 그래서 그만큼 집중도를 높일수 있다. 집중을 잘하면 잘할수록 정확하게 괘가 주어진다는 점을 감안한다면, 태극타로는 가장 정확한 점단 방법이라 할 수 있겠다.

⊙ 주역은 가장 훌륭한 점단법인데도 불구하고 서양의 타로에 밀려 젊은 층으로부터 외면당하고 있는 실정이다. 그 이유는 용어 자체가 한문으로 되어 있어 그 뜻을 이해하기 어렵기 때문이다. 아무리 내용이 심오하다 하더라도 용어를 이해하지 못한다면 의미가 없다. 더구나 수천 년 전 중국에서 사용하던 옛 용어와 지금 우리가 사용하는 말은 같은 단어라 할지라도 의미가 전혀 다른 경우가 많다.

따라서 옛날 단어를 고수하기보다는 현재 세대가 쉽게 이해할 수 있도록 그 의미에 가장 적합한 한글 용어를 사용하기 위해 노력했다. 그래서 주역이라고 하면 지레 한문투성이의 고답적이고 난해한 것으로만 생각하는 젊은 층도 쉽게 배워 활용할 수 있다.

⊙ 태극타로는 적중률이 매우 높다. 단순히 필자의 개인적인 소견이나 경험에만 의존해 만들어진 것이 아니라 주역의 원리와 매화심역의 점단법에 그 뿌리를 두고 있기 때문이다. 소강절은 매화심역에 대해 이렇게 밝혔다.

'이 비결을 얻은 사람은 이것을 정말로 필요로 하는 사람을 위해 비전(祕典)으로 감추어야 하며, 함부로 세상에 유포해서는 안 된다. 만약 천기를 누설하는 사람이 있으면 반드시 재앙이 있을 것이다.'

마음이 올바르지 못한 사람이 나쁜 일에 사용할까 봐 우려할 정도였으니 그 정확성을 가히 짐작하고도 남을 것이다.

8. 태극타로와 오행

오행은 목·화·토·금·수, 이렇게 5종류의 요소를 말한다. 동양철학에서는 우주가 이 다섯 가지 요소로 이루어져 있다고 본다. 단순히 다섯 가지 요소만을 의미하는 것이 아니라 삼라만상의 모든 유·무형 물체가 움직이거나 변화할 때 이 다섯 가지 기운으로 분류, 집약된다고 본 것이다.

우주 만물은 나무의 기운(목기, 木氣), 불의 기운(화기, 火氣), 흙의 기운(토기, 土氣), 쇠의 기운(금기, 金氣), 물의 기운(수기, 水氣)의 조합으로 구성되어 있다. 이 다섯 가지 요소는 서로 얽히고설키면서 천차만별의 다양한 물질세계를 구성할 뿐만 아니라 인간의 생활과 정신세계, 나아가 운명까지도 좌우한다.

일상생활을 예로 들면, 겨울에 따뜻함을 얻기 위해서는 목기(나무)와 화기(불)가 필요하다. 반면에 여름의 무더위를 이겨내기 위해서는 수기(물)가 불가결한 요소이다. 또 물을 담는 그릇을 얻기 위해서는 흙(土)을 불(火)로 구워야 하며, 불을 때기 위해서는 나무(木)가 필요하다. 또 불을 땔 나무가 자라기 위해서는 물(水)이 필요하고, 다 자란 나무를 베어 내기 위해서는 쇠(金)가 필요하다. 이처럼 모든 일에는 다섯 가지 요소가 작용하고 있다.

이 다섯 가지 기운의 움직임을 가리켜 오행이라 한다. '행(行)'이라 는 것은 '돈다', '순환한다', '간다' 등의 의미로 앞에서 말한 5가지 기 운이 서로 작용함으로 인해 세상만사에 변화가 일어나고, 길흉성패가 갈라지는 것이다.

『매화심역』이나 『오행역』, 『사주명리학』, 태극타로 등 모든 동양철 학의 밑바탕엔 이 오행 사상이 깊숙이 흐르고 있다. 다만 학술에 따라 오행끼리 상호 관계를 비교해 길흉화복을 예단하는 데 약간의 차이만 있을 뿐이다. 그러면 오행의 관계에 대해 알아보자.

▶상생도

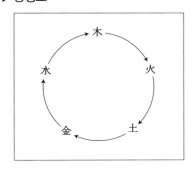

▶상극도

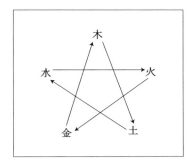

나. 운명학에서 일반적인 오행 관계

일반적으로 동양의 운명학에서 오행은 상생(相生)과 상극(相剋), 비 화(比和) 관계로 나눈다. 상생이란 상대를 '생기게 한다', '낳는다', '도와준다'는 의미로 한쪽이 다른 쪽에 힘을 더해 주는 관계이다. 오행끼리 상생 관계를 보면, 목은 화를 생하고 → 화는 토를 생하고 → 토는 금을 생하고 → 금은 수를 생하고 → 수는 목을 생하는 관계이다. 즉 나무가 타면 불이 되고, 불이 탄 다음에는 재가 남는데 이것은 흙이 된다. 흙에서 쇠가 나오고, 쇠가 녹으면 물이 되고, 물은 나무를 기른다. 이것이 상생 관계이다. 상생이라고 해서 양쪽이 서로 생해 주는 관계는 아니다. 한쪽이 다른 한쪽을 일방적으로 생해 주고, 한쪽은 다른 한쪽으로부터 일방적으로 생을 받는다. 반대 방향으로는 생이 성립하지 않는다.

상극은 상대를 '극한다', '누른다', '해친다'는 의미로 한쪽이 다른 한쪽을 제압하는 관계이다. 이것은 상생 오행의 순서를 하나씩 건너뛴 것이다. 목은 토를 제압하고 → 토는 수를 제압하며 → 수는 화를 제압하고 → 화는 금을 제압하고 → 금은 목을 제압하는 관계이다. 즉, 나무는 뿌리로 흙 속에 있는 양분을 흡수하고, 흙은 둑이 되어 물의 흐름을 막고, 물은 불을 끄고, 불은 쇠를 녹이며, 쇠는 나무를 자른다. 이것이 상극 관계이다. 상극 또한 서로 극하는 것이 아니다. 한쪽이 다른 한쪽을 일방적으로 극하고, 한쪽은 다른 한쪽으로부터 일방적으로 극을 당한다. 반대 방향으로는 극이 성립하지 않는다.

상생하지도 상극하지도 않는, 서로 같은 기운인 경우를 비화 관계라 한다.

이 상생과 상극과 비화에 따라 길흉을 판단한다. 생을 받을 경우에는 에너지를 얻는 것이므로 '대길'하다고 판단하고, 생을 할 경우에는 에너지를 주지만 좋은 관계이므로 '중길'로 본다. 한편 상극을 할 경우에는 상대편 에너지를 해치는 관계이므로 '흉'으로 보고, 상극을 당할 경우에는 자신의 에너지가 없어지므로 '대흉'으로 본다. 그리고 비화는 에너지가 같은 친한 사이이므로 '길'로 보지만, 서로 다투는 관계가 되는 경우도 있으므로 기운의 크기에 따라 흉이 되는 경우도 있다.

▶ 운명학에서 **상생상극**에 대한 해석

오행 관계	의미	길흉 판단
생을 한다	상대에게 도움을 주니 사이가 좋다	길(吉)
생을 받는다	상대로부터 도움을 받는다	대길(大吉)
제압을 한다	상대를 해치므로 사이가 나쁘다	흉(凶)
제압을 당한다	상대로부터 해를 당한다	대흉(大凶)
비화	상대방과 오행의 기운이 같다	길(吉) 또는 흉(凶)

다. 태극타로에서의 상생상극 관계

태극타로에서는 주체괘와 객체괘가 서로 어떤 관계인지에 따라 길흉과 일의 성사 여부를 판단한다. 동양의 운명학에서 상생상극의 원리로 길흉화복을 판단하듯이 태극타로 또한 상생상극을 비교하는 것은 마찬가지다. 그러나 일반 운명학과 태극타로는 상생상극의 의미가 다소 다르다. 일반 운명학에서 오행의 상생은 모두 길로 보고 상극은 모두 흉으로 본다.

하지만 태극타로에서는 철저하게 점치는 주체괘의 입장에서 모든 것을 바라보기 때문에 주체괘가 객체괘로부터 생을 받으면 '기운을 얻는다'고 보아 길한 것으로 판단하지만, 주체괘가 객체괘를 생하는 것은 '기운을 빼앗긴다'고 보아 흉한 것으로 판단한다.

물론 주체괘가 매우 왕성하다면 객체괘에 기운을 일부 빼앗길지라도 그다지 흉하지 않다. 그러나 힘의 성쇠까지 감안하다 보면 오히려 판단하기 어려워질 수 있다. 힘의 성쇠에 따른 판단은 환경적 요인에서 설명한 내용을 참고하면 될 것이다.

또 주체괘가 객체괘로부터 극을 당하는 것은 일반 운명학과 같이 흉으로 보지만, 주체괘가 객체괘를 극하는 것은 자신의 힘으로 상대를 제압하고 굴복시키는 것으로 보아 길한 것으로 판단한다.

이는 임금과 신하의 관계와 같다. 신하가 임금을 생하는(기운을 주는) 것은 신하가 임금을 섬기는 것이므로 크게 길한 것이다. 하지만 임금이 신하를 생하는(기운을 주는) 것은 임금이 신하에게 휘둘리는 것이므로 흉하게 봐야 한다. 또 신하가 임금을 극(제압)하는 것은 반역하는 것이므로 대흉으로 보는 것이 당연하고, 임금이 신하를 극(제압)하는 것은 지배하는 관계이므로 순리로 보아 길로 판단하는 것이다.

태극타로에서도 상생상극에 따라 판단하는 것은 마찬가지이지만, 용어와 길흉을 해석하는 방법에는 약간의 차이가 있다. 우선 용어에 있어 상생과 상극과 비화의 원천은 '기운'으로 보았다. 그리고 모든 판단은 주체괘 중심으로 했다.

상생이나 상극에 앞서 주체괘의 입장이 가장 중요하다. 점단하는 사람이나 일의 주체가 되는 주체괘와 주체괘에 영향을 미치는 외부 환경에 해당하는 객체괘를 구분한 다음, 철저히 주체괘 중심으로 길흉이나 성사 여부를 판단한다.

주체괘가 상생하는 쪽이라면 기운을 빼앗긴다고 하고, 상생을 받는

쪽이라면 기운을 받는다고 한다. 주체괘가 상극하는 쪽이라면 제압한다고 하고, 상극을 당하는 쪽이라면 제압을 당한다고 한다. 주체괘와 객체괘가 서로 같은 오행인 경우에는 동일하다고 한다. 이는 용어와 의미의 일치를 위해서이다.

다시 말하면, 일반 운명학에서 상생 관계는 서로 돕는다고 해서 길하다고 판단하지만, 태극타로에서는 상생 관계라 할지라도 객체괘가 주체괘를 생하면 기운을 받는 것으로 보아 '길(吉)'로 판단하고, 주체괘가 객체괘를 생하면 기운을 빼앗기는 것으로 보아 '흉(凶)'으로 판단한다.

또 일반 운명학에서 상극 관계는 서로 해친다고 하여 흉하다고 판단하지만, 태극타로에서는 상극 관계라 할지라도 주체괘가 객체괘를 극하는 경우에는 기운을 제압하는 것으로 보아 '길'로 판단하고, 주체괘가 객체괘로부터 극을 당하는 경우에는 기운이 제압당하는 것으로 보아 '흉'으로 판단한다.

그리고 일반 운명학에서는 오행이 같은 경우를 '비화(比和)'라고 하여 주체괘 힘의 크기에 따라 길로 보기도 하고 흉으로 보기도 하지만, 태극타로에서는 주체괘와 객체괘의 오행이 같다 하여 동일한 관계로 보고 '길'로 판단한다.

오행이 동일하면 서로 기운을 모으므로 목적한 일을 쉽게 해낼 수 있고, 성공한 후에는 그 성과 또한 나누어야 하므로 대길로 보지 않고 중길 정도로 보고, 원하는 일은 대체로 무난히 성사되는 것으로 판단한다.

이처럼 태극타로에서도 상생상극에 따라 판단하는 것은 마찬가지지만 용어와 길흉을 해석하는 방법에는 약간의 차이가 있다. 이를 표로 나타내면 다음과 같다.

▶ 태극타로에서 상생상극 관계에 따른 길흉

오행 관계	태극타로의 용어	의미	길흉 판단
생을 한다	기운을 빼앗긴다	본인의 기운이 감소한다	흉, 불성
생을 받는다	기운을 받는다	본인의 기운이 증가한다	대길, 크게 성사
극을 한다	제압한다	본인이 기운을 누른다	길, 성사
극을 받는다	제압당한다	본인의 기운이 눌린다	대흉, 전혀 불성
비화	동일한 관계이다	본인의 기운과 같다	길, 성사

라. 8괘별 오행

8괘는 보통 괘의 순서, 괘의 명칭, 괘의 대표 형상, 이렇게 세 글자를 합쳐 일컫는데, 1건천(乾天), 2태택(兌澤), 3이화(離火), 4진뢰(震雷), 5손풍(巽風), 6감수(坎水), 7간산(艮山), 8곤지(坤地)가 그것이다. 또 각 괘는 오행이 정해져 있다. 주체괘와 객체괘 오행의 상호 관계를 비교하기 위해서는 각 괘의 오행을 반드시 알아야 한다.

1. ☰ : 건(乾)괘는 하늘 천(天)으로 오행으로는 금(金)이다.
2. ☱ : 태(兌)괘는 연못 택(澤)으로 오행으로는 금(金)이다.
3. ☲ : 이(離)괘는 불 화(火)로 오행으로는 화(火)이다.
4. ☳ : 진(震)괘는 천둥 뇌(雷)로 오행으로는 목(木)이다.
5. ☴ : 손(巽)괘는 바람 풍(風)으로 오행으로는 목(木)이다.

6. ☵: 감(坎)괘는 물 수(水)로 오행으로는 수(水)이다.

7. ☶: 간(艮)괘는 뫼 산(山)으로 오행으로는 토(土)이다.

8. ☷: 곤(坤)괘는 땅 지(地)로 오행으로는 토(土)이다.

▶ 8괘별 오행표

8괘	1건천	2태택	3이화	4진뢰	5손풍	6감수	7간산	8곤지
오행	금(金)	금(金)	화(火)	목(木)	목(木)	수(水)	토(土)	토(土)

마. 64괘별 오행

64괘는 8괘 두 개가 아래위로 겹쳐져 태어나는데, 아랫괘와 윗괘가 같은 괘 8개를 어머니괘라고 한다. 어머니괘와 그 오행을 살펴보면, 건괘가 아래위로 겹쳐진 건위천괘는 금(金), 태괘가 아래위로 겹쳐진 태위택괘는 금(金), 이괘가 아래위로 겹쳐진 이위화괘는 화(火), 뇌괘가 아래위로 겹쳐진 진위뢰괘는 목(木), 손괘가 아래위로 겹쳐진 손위풍괘는 목(木), 감괘가 아래위로 겹쳐진 감위수괘는 수(水), 간괘가 아래위로 겹쳐진 간위산괘는 토(土), 곤괘가 아래위로 겹쳐진 곤위지괘는 토(土)에 해당한다.

그리고 이 어머니괘 상태에서 첫효부터 위로 한 효씩 올라가면서 음양이 바뀌어 새로운 괘를 탄생시킨다. 어머니괘 상태에서 첫효 음양이 바뀐 것을 제1세대, 제1세대 상태에서 2효가 바뀐 것을 제2세대, 제2세대 상태에서 3효가 바뀌면 제3세대, 제3세대 상태에서 4효가 바뀌면 제4세대, 제4세대 상태에서 5효가 바뀌면 제5세대라 부르며, 모두 오행은 해당 어머니괘를 따른다. 즉, 건위천괘(☰)의 제1세대는 천풍구괘(☴), 제2세대는 천산둔괘(☶), 제3세대는 천지부괘(☷), 제4세대는 풍지관괘(☴), 제5세대는 산지박괘(☶)로, 이는 모두 건위천괘에 속하며 오행도 모두 금(金)이다.

여기서 중요한 것은 제5세대 상태에서 끝효가 바뀌어 제6세대 괘가 되지 않는다는 점이다. 만약 제5세대 상태에서 끝효가 바뀐다면 다른 어머니괘가 되기 때문이다. 예를 들어 건위천괘 제5세대 상태에서 끝효가 변한다면 곤위지괘(☷)가 되어 곤괘의 어머니괘가 된다.

따라서 제5세대 상태에서 다시 아래로 내려와 4효의 음양을 바꾸어야 제6세대가 되는데, 이를 유혼괘라 하고 세대수(본효)는 ④로 표시했다. 그리고 유혼괘 상태에서 아랫괘 음양 3개를 모두 바꾸면 제7세대가 되는데, 이를 귀혼괘라 하고 세대수(본효)는 ③으로 표시했다.

위에서 설명한 건위천괘의 제5세대 산지박괘 상태에서 4효의 음양을 바꾸면 화지진괘(☷)가 되는데, 이는 건위천괘의 유혼괘이다. 화지진괘 상태에서 아랫괘 음양 3개를 모두 바꾸면 화천대유괘(☰)가 되며, 이는 건위천괘의 귀혼괘이다. 유혼괘와 귀혼괘도 건위천괘 소속이므로 화지진괘나 화천대유괘의 오행도 금이다.

만약 유혼괘 상태에서 5효 음양을 바꾸면 아랫괘와 윗괘의 음양 배치가 완전히 상반되는 천지부괘(☷)가 되고, 귀혼괘 상태에서 5효를 바꾸면 본괘 건위천괘로 되돌아간다. 즉, 유혼괘 상태에서 5효 음양을 바꾸면 윗괘와 아랫괘의 음양 배치가 완전히 다르게 되고, 귀혼괘 상태에서 5효 음양을 바꾸면 윗괘와 아랫괘의 음양 배치가 본괘와 같아진다.

태극타로 상단에는 어머니괘를 표시했으므로 각 괘의 오행을 금방 파악할 수 있을 뿐만 아니라 오행역(일명 육효)을 할 경우에도 유용하게 활용할 수 있다.

또 태극타로 상단에 어머니괘와 함께 표기되어 있는 숫자는 세대 수로, 오행역에서 본효를 나타내는 숫자이다. 즉, 1은 제1세대인 동시에 첫효가 본효임을 나타내며, 2는 제2세대이자 2효가 본효임을, 3은 제3세대이자 3효가 본효임을, 4는 제4세대이자 4효가 본효임을, 5는 제5세대이자 5효가 본효임을 나타낸다.

숫자를 원으로 표시한 유혼괘 ④는 4효가 본효이며, 귀혼괘 ③은 3효가 본효이다. 숫자를 원으로 표시한 이유는 본효의 위치를 나타내는 숫자이기는 하지만, 다른 숫자와 달리 어머니괘로부터 태어난 순서가 일치하지 않기 때문이다. 즉, ④는 제6세대인 유혼괘의 4효라는 뜻이며, ③은 제7세대인 귀혼괘의 3효라는 뜻이다.

태극타로에서 유혼괘(遊魂卦)는 뜻 그대로 밖으로 돌아다니면 유리하다고 보고, 귀혼괘(歸魂卦)는 집으로 돌아오거나 집 안에 머무르는 게 유리하다고 본다. 그래서 유혼괘를 뽑았다면 여행 등 밖으로 돌아다니는 것은 좋다고 보는 반면, 귀혼괘를 뽑았다면 여행이나 출장의 출발을 미루는 것이 좋다고 판단한다. 가출점에서 귀혼괘를 얻으면 돌아올 마음이 있다고 판단한다. 병점에서는 유혼괘나 귀혼괘 모두를 좋지 않다는 의미로 해석한다. 병점에서 유혼괘를 얻었다면 환자의 정신이 불분명한 상태로 보고, 귀혼괘를 얻었다면 혼이 태어난 곳으로 되돌아간다고, 즉 극한 상황이 발생할 수 있다고 판단한다.

▶ 64괘별 오행표

세대 \ 오행	어머니괘	1세대	2세대	3세대	4세대	5세대	유혼괘	귀혼괘
1건 (금)	건위천	천풍구	천산둔	천지부	풍지관	산지박	화지진	화천대유
2태 (금)	태위택	택수곤	택지췌	택산함	수산건	지산겸	뇌산소과	뇌택귀매
3이 (화)	이위화	화산려	화풍정	화수미제	산수몽	풍수환	천수송	천화동인
4진 (목)	진위뢰	뇌지예	뇌수해	뇌풍항	지풍승	수풍정	택풍대과	택뢰수
5손 (목)	손위풍	풍천소축	풍화가인	풍뢰익	천뢰무망	화뢰서합	산뢰이	산풍고
6감 (수)	감위수	수택절	수뢰둔	수화기제	택화혁	뇌화풍	지화명이	지수사
7간 (토)	간위산	산화비	산천대축	산택손	화택규	천택리	풍택중부	풍산점
8곤 (토)	곤위지	지뢰복	지택림	지천태	뇌천대장	택천쾌	수천수	수지비

9. 태극타로의 길흉 판단 원리

　모든 점단에는 목적하는 바가 있는데 이를 주체라 하고, 그 주체에 도움을 주거나 해를 끼치는 내·외부적 요소를 객체라고 한다. 그리고 주체를 의미하는 괘를 주체괘, 객체를 의미하는 괘를 객체괘라 한다. 주체괘가 객체괘의 작용을 받으면 변화가 일어나게 되는데, 좋게 변하면 길이라 하고 나쁘게 변하면 흉이라고 한다. 태극타로는 이처럼 주체괘에 객체괘가 작용하여 좋게 되느냐, 아니면 나쁘게 되느냐를 파악하는 것이다.

가. 주체괘와 객체괘의 상호 관계

　태극타로는 주체괘와 객체괘 간의 상호 관계를 비교하는 방법이다. 이때 주체괘란 카드를 뽑는 사람, 또는 카드를 뽑는 사람이 알고 싶어 하는 사안을 말한다. 한편 객체괘란 카드를 뽑는 사람의 가족이나 여건 등 주체괘에 영향을 주거나 작용하는 모든 요소를 말한다. 따라서 카드를 뽑는 사람이 알고 싶어 하는 사안을 주체괘로 정한 후 주변 여건이나 환경 등 객체괘가 주체괘에 긍정적으로 작용하는가, 또는 부정적으로 작용하는가를 판단하면 된다.

예를 들어 어떤 사람이 소망하는 일에 대해 점을 쳤다고 하자. 그 사람 재능이 아무리 뛰어났다고 할지라도 소망하는 일이 이루어질 것인지 아닌지는 그 사람이 처한 여건이나 환경에 따라 크게 좌우된다. 그 사람 재능이 때와 주위 여건, 인간관계 등과 잘 어우러지는지, 아니면 잘 어우러지지 않는지에 따라 소망하는 일의 성사 여부가 달라진다.

이 주체괘와 객체괘의 관계를 운명학에서는 '체용의 이론'이라고 하며 매우 중요시하고 있다. 태극타로에서는 체(體)를 주체괘, 용(用)은 객체괘를 의미하는 용어로 사용했다. 그러면 주체괘와 객체괘에 대해 알아보기로 하자.

1) 주체괘

먼저 괘 카드를 뽑아 왼쪽에 있는 윗괘와 아랫괘를 합해서, 즉 태극 문양과 같은 '본괘'를 정한다. 그다음으로 효 카드를 뽑아 '변하는 효'를 정한다. 변하는 효는 효 카드에 있는 숫자이며, 이 숫자는 아래에 있는 효부터 순서를 정한 것이다. 즉, 1은 왼쪽 아랫괘에서 첫 번째 효가 변하는 것이며, 2는 가운데 효, 3은 맨 윗효가 변하는 것이다. 그리고 4는 왼쪽 윗괘에서 첫 번째 효가 변하는 것이며, 5는 가운데 효, 6은 맨 위쪽 효가 변하는 것이다.

이렇게 해서 왼쪽에 있는 아랫괘와 윗괘의 6개 효 중에서 변하는 효가 정해지면, 변하는 효가 없는 괘를 '주체괘'라 하고, 변하는 효가 있는 괘를 '상대괘(제1객체괘)'라 한다. 알고 싶은 사안이 하나이듯이 주체괘는 하나뿐이지만 객체괘는 여러 개가 있다. 환경이나 여건은 여러 가지이기 때문이다.

2) 객체괘

가) 객체괘란?

객체괘란 주체괘에 영향을 미치는 존재로 보면 된다. 주체괘는 한 개뿐인 데 비해 객체괘는 기본적으로 4개가 존재한다. 이 4개의 객체괘가 주체괘의 기운을 빼느냐, 아니면 주느냐에 따라 일의 길흉 및 성사 여부를 점단하는 것이다.

나) 객체괘의 종류

⊙ 상대괘(제1객체괘): 왼쪽에 있는 본괘 가운데 변하는 효가 있는 괘를 상대괘, 또는 제1객체괘라 한다. 이 객체괘는 일이 전개되는 시작 단계의 성사 여부를 의미한다. 이것은 객체괘 중 가장 중요한 괘이다.

⊙ 중간괘(제2객체괘): 카드 오른쪽에 그려져 있는 두 개의 괘를 중간괘, 또는 제2객체괘라 하고, 일이 전개되어 가는 과정을 의미한다. 이 두 개의 중간괘는 왼쪽에 있는 본괘에서 첫효와 2효와 끝효를 제외한 3, 4, 5효로 윗괘를 만들고, 역시 왼쪽에 있는 본괘에서 첫효와 5효와 끝효를 제외한 2, 3, 4효로 아랫괘를 만든다. 중간괘는 본괘의 주체괘 위치에 따라 '주체중간괘'와 '상대중간괘'로 나뉜다. 즉, 본괘의 주체괘가 윗괘에 있다면 중간괘의 윗괘가 주체중간괘가 되고 중간괘의 아

랫괘는 상대중간괘가 된다. 본괘의 주체괘가 아랫괘에 있다면 중간괘
의 윗괘는 상대중간괘가 되고 중간괘의 아랫괘가 주체중간괘가 된다.
주체중간괘는 주체에 직접적인 영향을 미치고, 상대중간괘는 객체에
직접적인 영향을 미친다. 그래서 주체중간괘를 상대중간괘보다 중요
시한다.

가령 본괘가 뇌화풍괘(䷶)라면 첫효와 2효와 끝효를 배제하여 3효
부터 5효까지 합친 태괘(☱)를 중간괘의 윗괘로 삼고, 역시 첫효와 5효
와 끝효를 배제하여 2효부터 4효까지 합친 손괘(☴)를 중간괘의 아랫
괘로 삼는다. 그러면 중간괘는 택풍대과괘(䷛)가 된다.

본괘가 화뢰서합괘(䷔)라면 첫효와 2효와 끝효를 배제하여 3효부
터 5효까지 합친 감괘(☵)를 중간괘의 윗괘로 삼고, 역시 첫효와 5효와
끝효를 배제하여 2효부터 4효까지 합친 간괘(☶)를 중간괘의 아랫괘로
삼는다. 그러면 중간괘는 수산건괘(䷦)가 된다. 이 두 가지 예를 그림
으로 나타내면 아래와 같다.

본괘	중간괘	본괘	중간괘
-- 6	-- 5	— 6	-- 5
-- 5	— 4	-- 5	— 4
— 4	— 3	— 4	-- 3
— 3	— 4	-- 3	— 4
-- 2	— 3	-- 2	-- 3
— 1	-- 2	— 1	-- 2
뇌화풍	택풍대과	화뢰서합	수산건

⊙ 변한괘(제3객체괘): 본괘 상태에서 변하는 효가 있는 자리의 음양을 바꾼 괘를 변한괘 또는 제3객체괘라 하고, 점단하는 일의 마지막 단계나 최종적인 성사 여부를 의미한다. 예를 들어 본괘가 뇌화풍괘(䷶)이고 변하는 효가 4라면, 4효가 바뀐 곤괘(☷)가 변한괘이며, 64괘는 지화명이괘(䷣)가 된다.

3) 주체괘와 객체괘의 비교

주체괘와 객체괘가 정해지면 점단하는 일의 길흉, 또는 성사 여부를 판단할 수 있다. 주체괘와 객체괘의 오행을 비교하기만 하면 되기 때문이다.

즉, 주체괘가 객체괘를 제압하면 점단하는 일이 길하다.

주체괘가 객체괘로부터 제압을 당하면 점단하는 일이 흉하다.

주체괘가 객체괘에 기운을 빼앗기면 점단하는 일에 손실의 우려가 있다.

주체괘가 주체괘로부터 기운을 받으면 점단하는 일에 이득이 있다.

주체괘와 객체괘의 오행이 동일하면 점단하는 일이 순조롭다.

4) 객체괘 판단 순서

가) 객체괘의 작용

객체괘에는 상대괘, 중간괘, 변한괘가 있다. 객체괘가 작용하는 순서는 상대괘가 가장 먼저다. 그다음으로는 중간괘, 변한괘 순이다. 상대괘는 '현재 내 앞에 나타난 상황'으로 보고, 중간괘는 '일이 되어 가는 중간 과정'으로 보며, 변한괘는 '일의 마지막 결과'를 나타낸다. 그 순서에 따라 상대괘를 제1객체괘, 중간괘를 제2객체괘, 변한괘를 제3 객체괘라 부르기도 한다.

아울러 주체괘에 기운을 주는 괘가 상대괘(제1객체괘)에 있는 경우 일이 빨리 성취되고, 주체괘에 기운을 주는 괘가 중간괘(제2객체괘)에 있으면 일이 서서히 이루어진다. 주체괘에 기운을 주는 괘가 변한괘 (제3객체괘)에 있는 경우에는 일이 늦게 이루어진다.

그리고 2개의 중간괘 가운데 일에 미치는 기운이나 순서는 주체중 간괘가 객체중간괘보다 우선하며, 작용력 또한 더 크고 빠르다고 본 다. 객체괘가 주체괘를 제압하는 경우 판단 요령은 다음과 같다.

⊙ 상대괘가 주체괘를 제압하는 경우

일 처음부터 문제가 있다. 길흉 성패에 가장 큰 영향을 주므로 안 고 있는 문제를 해결하거나 방법을 바꾸지 않으면 제대로 펼쳐나가기 어렵다.

⊙ 중간괘가 주체괘를 제압하는 경우

일 도중에 방해가 생기거나 문제가 발생한다. 일례로 주체괘 오행 이 목(木)인데 중간괘가 택천쾌(☰)라면, 주체중간괘와 상대중간괘 오 행이 모두 금(金)이므로 주체괘 목(木)을 제압한다. 그러므로 일이 추 진되는 과정에 어려움이 많다고 본다.

⊙ 변한괘가 주체괘를 제압하는 경우

일 마지막에 방해가 생기거나 좋지 않은 일이 발생하여 잘되지 않 는다.

▶ 객체괘 작용 순서

객체괘의 종류	객체괘	작용 순서
상대괘	현재 상황	1
주체중간괘	진행 과정	2
상대중간괘	진행 과정	3
변한괘	마지막 결과	4

나) 상반될 경우 판단 요령

객체괘 모두가 주체괘를 제압하거나 주체괘에 힘을 주는 등 객체괘 작용이 같은 경우도 있으나 이보다는 상반되는 경우가 더 많다. 즉, 객체괘 중에는 주체괘에 기운을 주는 괘가 있는 반면 제압하는 괘도 있는 등 객체괘 중에서도 길흉이 다른 경우가 일반적이다. 이럴 경우 어떻게 판단할까? 앞에서와 마찬가지로 순서대로 판단하면 된다. 예를 들어 주체괘와 상대괘의 관계는 길한데 변한괘와의 관계는 흉할 경우, 처음엔 길하지만 결국에는 흉하게 된다고 보면 된다. 또 주체괘와 상대괘의 관계는 흉한데 변한괘와의 관계는 길할 경우, 처음에는 흉하지만 결국에는 길하게 된다고 판단한다.

나. 주체괘와 환경적 요소 간의 상호 관계

태극타로에서 주체괘란 카드를 뽑는 사람 또는 카드를 뽑는 사람이 알고 싶어 하는 사안이며, 객체괘란 카드를 뽑는 사람의 가족이나 여건 등 주체괘에 영향을 주거나 작용하는 모든 요소를 말한다.

다시 말하면 카드를 뽑는 사람이 알고 싶어 하는 사안으로 주체괘를 정한 후, 이 주체괘를 둘러싼 주변 환경이나 여건이 주체괘에 긍정적으로 작용하는가, 아니면 부정적으로 작용하는가를 판단하기만 하면 되는 것이다.

하지만 이것은 어떤 한 가지 측면만을 기준으로 한 판단이다. 괘에 나타난 것만을 보고 판단했다는 말이다. 괘만 비교해서 주체괘를 제압하는 객체괘가 많다거나 기운을 주는 객체괘가 많다고 해서 100퍼센트 정확하다고 속단해서는 안 된다. 객체괘 이외에도 괘를 만들 때 환경도 판단 재료로 삼아야 적중률을 더욱 높일 수 있다.

이는 카드를 뽑는 사람이 안고 있는 문제에 따라 판단 기준의 비중도 달라질 수 있다는 뜻이다. 그러니 항상 전체를 보면서 주체괘를 위해 기운을 주는 괘나 제압하는 괘가 어떤 괘인지를 살피는 동시에, 판단할 때 환경이 어떤지도 염두에 두어야 한다. 『매화심역』에 다음과 같은 기록이 있다.

'하나의 체(주체)에 하나의 용(객체)이 있는 것으로 알고 있는 사람은 많지만, 하나의 체에 백 개의 용이 있는 것을 아는 사람은 매우 적다. 유감스러운 일이다.'

이것은 주체괘 이외의 모든 것, 괘상에 나타난 객체괘는 물론이고 판단할 때 환경이나 분위기까지도 객체괘로 삼아야 한다는 뜻이다. 소강절이 '그렇게 하면 매화심역의 묘미를 발휘할 수 있다'고 했듯이 태극타로 또한 환경적인 요인까지 감안한다면 한층 수준 높은 판단을 할 수 있다. 그러면 객체괘 이외에도 감안해야 할 환경적 요소로는 어떤 것이 있는지에 대해 알아보기로 한다.

1) 괘 이외의 환경적 요소

태극타로에서 주체괘와 객체괘(상대괘, 중간괘, 변한괘)의 오행 관계를 비교해서 길흉을 판단하는 요령은 앞에서 설명한 바 있다. 여기에다 판단할 때 날씨나 위치, 방향, 시각, 보고 듣는 물건이나 소리 등 여러 가지 환경적 요소도 각각 하나의 괘로 보아야 하는데, 이와 주체괘의 관계를 비교하기도 하고, 또 이를 주체괘와 객체괘의 관계를 보완하는 근거로 삼기도 한다. 이처럼 환경적 요소가 주체괘나 객체괘에 어떤 영향을 미치는지를 통해 길흉의 비중을 헤아리는 것이 태극타로의 묘미이기도 하다.

그래서 태극타로를 뽑았을 때 동일한 괘나 효가 나왔다 할지라도 카드를 뽑을 당시 환경에 따라 그 해석이 얼마든지 달라질 수 있다. 태극타로에서 괘에 나타나는 변화 종류는 64괘의 6효로 모두 384개에 지나지 않지만, 객체괘와 다양한 환경적 요인까지 감안한다면 그 점단 유형은 수천, 수만, 아니 그 이상이 될 것이다. 이를 『주역』에서는 동괘이점(同卦異占), 즉 '같은 괘일지라도 점단 내용은 다르다.'라고 한다.

예를 들어 본괘의 주체괘가 건금(乾金) 또는 태금(兌金)이고 객체괘에 이화(離火)가 있다면, 주체괘가 객체괘에 제압을 당하는 격이 되어 좋지 않다. 주체괘가 제압당하는 것은 분명히 흉한 일이지만, 그 이화가 환경적 요소에 의해 어떤 기운으로 제압하는지를 판단해 봐야 한다.

객체괘 이화의 화(火)가 형태만 있거나 빨간색 종이 정도로 미약하게 불을 상징하는 경우에는 주체괘 금(金)을 제압하는 기운이 거의 무력하다고 볼 수 있다. 즉, 화(火)가 금(金)을 제압하기 때문에 일이 순조롭게 되지 않거나 주위에서 방해가 생기는 등 나쁜 환경이 만들어지기는 하지만, 그다지 심각한 정도는 아니라고 판단하는 것이다. 반면에 화(火)의 환경이 한여름의 태양을 상징할 정도로 강한 불이라면 주체괘를 제압하는 기운은 매우 강력해서 크게 흉하다고 판단한다.

이처럼 길흉 판단의 변화는 이 환경적 요소를 밝혀내는 능력에 따라 크게 달라질 수 있다.

▶ 객체괘와 주체괘, 환경적 요소의 구분

주체괘	객체괘	환경
본괘의 주체괘	본괘의 상대괘 중간괘 변한괘	괘 지을 때 환경

2) 환경적 요소의 종류

가) 5대 환경적 요소

매화심역에서는 '10응'이라 하여 10가지를 주요한 환경 요인으로 꼽고 있다. 소강절은 '이 비결을 제대로 알지 못하면 점단이 맞기도 하고 안 맞기도 한다.'라고 밝혀 놓았다.

태극타로에서는 현재 실정에 맞는 5가지를 선택해 5대 환경 요소로 삼았는데, 첫째는 날씨, 둘째는 장소, 셋째는 때, 넷째는 방위, 다섯째는 사람이다.

(1) 날씨

카드를 뽑는 시점의 날씨 등 하늘의 움직임을 판단에 더하는 것이다. 청명한 날씨라면 건(乾), 보통 맑은 날이면 이(離), 비나 눈이 오는 날이면 감(坎), 바람이 강하게 부는 날이면 손(巽), 천둥이 있거나 지진이 있는 날이면 진(震)으로 보고, 그 오행과 주체괘의 오행을 비교해 길흉을 판단한다.

예를 들어 주체괘가 감수(坎水)일 경우 날씨가 하늘에 구름 한 점 없이 청명한 건금(乾金)이라면, 금생수가 되므로 주체괘를 위해 기운을 주는 대길로 판단한다. 주체괘가 간토(艮土)나 곤토(坤土)인데 날씨가 청명하다면, 주체괘 토(土)가 건금(乾金)에 기운을 빼앗기게 되므로 불길한 것이 된다. 주체괘가 진목(震木)이나 손목(巽木)인데 날씨가 청명하다면, 금(金)이 주체괘 목(木)을 제압하므로 크게 불길하게 된다.

한편 주체괘가 곤토(坤土)인데 날씨가 맑은 이화(離火)라면, 이화(離火)가 주체괘 토(土)에 기운을 더해 주므로 길하게 된다. 그러나 주체괘가 건금(乾金)이라면 이화(離火)에 제압을 당해 불길하게 된다.

비나 눈이 오는 경우에는 감수(坎水)이므로 주체괘가 진목(震木)이나 손목(巽木)이라면 기운을 받아 길이 된다. 반면에 주체괘가 이화라면 제압을 당해 불길하게 된다.

천둥이 치면 진목(震木), 바람이 불면 손목(巽木)이므로 주체괘가 이화(離火)라면 기운을 받아 길이 된다. 반면에 주체괘가 간토(艮土)나 곤토(坤土)라면 제압을 당해 불길하게 된다.

(2) 장소

카드를 뽑을 당시 장소를 판단에 더하는 것이다. 점단하는 곳이 대나무 숲이나 숲 속 근처라면 진목(震木)이나 손목(巽木)으로 보고, 용광로, 대장간 등 불과 관련이 있는 곳은 이화(離火)로 본다. 바위산, 언덕이나 논밭 등 흙과 관련이 있는 곳이라면 간토(艮土)나 곤토(坤土)로 보고, 쇠와 관련이 있는 곳이라면 건금(乾金)이나 태금(兌金)으로 보고, 하천이나 계곡, 호숫가 등 물과 관련이 있는 곳이라면 감수(坎水)로 본다. 이처럼 장소와 주체괘의 오행을 비교하여 길흉 판단에 감안한다.

예를 들어 주체괘가 이화(離火)인 경우 점단하는 장소가 진목(震木)이라면 주체괘가 기운을 받아 길하게 된다. 또 주체괘가 진목(震木)인 경우 장소도 진목(震木)이라면 동일한 기운이 되어 대체로 길한 것으로 본다. 그리고 주체괘가 건금(乾金)이나 태금(兌金)인데 점단하는 장소가 진목(震木)인 경우에는 주체괘가 제압하는 것이 되어 길하다고 판단한다.

한편 강, 호수, 연못, 하천, 계곡 같은 곳 주위는 감수(坎水)로 보는데, 주체괘도 감수(坎水)가 되면 길하지만 주체괘가 이화(離火)라면 제압을 당해 불길하게 된다. 주체괘가 진목(震木)이나 손목(巽木)인 경우라면 기운을 받아 길하다. 이처럼 장소의 어떤 기운에 영향을 받느냐를 점단에 참고해야 한다.

(3) 때

카드를 뽑을 당시 연월일시나 계절 등 때의 기운을 판단에 더하는 것이다. 즉, 주체괘와 객체괘의 관계만 단순히 비교하는 것이 아니라 점단할 때 주체괘와 객체괘의 기운 세기를 판단에 참고하는 것이다. 때와 기운이 같거나 때로부터 기운을 받는다면 몸이 왕성해지고, 때로 인하여 기운이 빠지거나 제압을 당하면 몸이 쇠약해진다고 판단한다.

때와 오행이 같은 경우는 기운을 주는 경우보다 힘이 더 세다고 본다.

이는 질병점이나 출산점에서 반드시 고려해야 할 사안으로 주체괘의 몸이 왕성한 것은 좋은 것이며, 쇠약하면 좋지 못하다.

⊙ 주체괘가 때의 기운과 동일하거나 기운을 받아서 몸이 왕성한 경우
- 주체괘가 객체괘의 기운을 받으면 확실히 길하다.
- 주체괘가 객체괘로부터 제압을 당하더라고 크게 흉하지는 않다.
- 주체괘와 동일한 객체괘가 많으면 대체로 길하다.

⊙ 주체괘가 때의 기운을 받지 못하거나 제압을 당해 몸이 쇠약한 경우
- 주체괘가 객체괘의 기운을 받으면 큰 피해는 없다.
- 주체괘가 객체괘로부터 제압을 당하면 확실히 흉하다.
- 주체괘와 동일한 객체괘가 많으면 다소 낫지만, 결국 흉하게 된다.

① 연월일시로 판단하는 방법

판단하는 날의 기운이 주체괘나 객체괘에 어떠한 영향을 미치는가와 함께 왕성한 때인가 아니면 쇠약한 때인가를 중요한 판단 기준으로 삼는다.

점단하는 날이 음력 인·묘(寅·卯)의 연월일시는 목(木)이 왕성한 것으로 보고, 사·오(巳·午)의 연월일시는 화(火)가 왕성한 것으로 보며, 신·유(辛·酉)의 연월일시는 금(金)이 왕성한 것으로 보고, 해·자(亥·子)의 연월일시는 수(水)가 왕성한 것으로 본다. 진·술·축·미(辰·戌·丑·未)의 연월일시는 토(土)가 왕성한 것으로 본다.

즉, 인·묘(寅·卯) 연월일시에는 진목(震木)이나 손목(巽木)이 왕성하나 목(木)이 제압하는 간토(艮土)나 곤토(坤土)는 쇠약하게 된다. 사·오

(巳·午) 연월일시에는 이화(離火)가 왕성하나 제압을 당하는 건금(乾金)이나 태금(兌金)은 쇠약하다. 신·유(辛·酉) 연월일시에는 건금(乾金)이나 태금(兌金)이 왕성하나 제압을 당하는 진목(震木)이나 손목(巽木)은 쇠약하다. 해·자(亥·子) 연월일시에는 감수(坎水)가 왕성하나 제압을 당하는 이화(離火)는 쇠약하다. 진·술·축·미(辰·戌·丑·未) 연월일시에는 간토(艮土)나 곤토(坤土)가 왕성하나 제압을 당하는 감수(坎水)는 쇠약하다.

주체괘가 때의 기운과 동일하거나 기운을 받고 있으면 왕성하고, 때의 기운으로 인해 기운이 빠지거나 제압을 당하면 쇠약하다. 만약 객체괘가 주체괘를 제압하면 흉한 일이지만, 그 객체괘가 연월일시의 기운을 받지 못해 쇠약하다면 제압하는 기운이 약하기 때문에 흉해도 크게 흉하지 않다고 판단한다. 반면 주체괘에 기운을 주는 객체괘가 연월일시의 기운까지 받아 몸이 왕성하다면, 길한 정도가 더욱 크다고 판단할 수 있겠다.

② 계절로 판단하는 방법

계절로 판단하는 방법도 연월일시와 마찬가지로 때의 기운 세기로 파악하는 것이다. 다만 간지의 오행으로 판단하는 것이 아니라 계절의 오행으로 판단하는 것이 차이점일 뿐이다.

때의 오행이 봄이면 목(木), 여름이면 화(火), 가을이면 금(金), 겨울이면 수(水), 각 계절의 환절기이면 토(土)로 본다.

월별 계절을 보면, 음력으로 1, 2월은 봄으로 목(木)의 계절로 보아 진목(震木)과 손목(巽木)이 왕성한 것으로 판단하고, 음력 4, 5월은 여름으로 화(火)의 계절로 보아 이화(離火)가 왕성한 것으로 판단하고, 음력 7, 8월은 가을로 금(金)의 계절로 보아 태금(兌金)과 건금(乾金)이 왕성한 것으로 판단하고, 음력 10, 11월은 겨울로 수(水)의 계절로 보아 감수(坎水)가 왕성한 것으로 판단하고, 음력 3, 6, 9, 12월은 환절기로 토(土)의 계절로 보아 간토(艮土)와 곤토(坤土)가 왕성한 것으로 본다.

반면에 계절의 오행으로부터 제압을 당하는 8괘는 기운이 쇠약한 것으로 본다. 즉, 봄에는 간토(艮土)와 곤토(坤土)가 쇠약하고, 여름에는 건금(乾金)과 태금(兌金)이 쇠약하며, 가을에는 진목(震木)과 손목(巽木)이 쇠약하며, 겨울에는 이화(離火)가 쇠약하며, 환절기에는 감수(坎水)가 쇠약하다.

만약 주체괘가 계절과 동일하거나 계절로부터 기운을 받는다면, 설령 객체괘로부터 제압을 당한다고 하더라도 그 피해는 크지 않다. 마찬가지로 객체괘도 계절과 동일한 기운이거나 계절로부터 기운을 받는다면 몸이 왕성해진다. 따라서 주체괘를 제압하는 객체괘의 몸이 왕성하면 좋지 않으며, 주체괘를 제압하는 객체괘가 계절의 기운을 받지 못해 쇠약하다면 제압하는 기운이 약하기 때문에 흉하긴 해도 그다지 크게 흉하지 않다고 판단한다.

▶ 계절과 연월일시의 기운

계절	연월일시	8괘 오행				
		목	화	토	금	수
봄(木)	인(寅), 묘(卯)	왕성	강함	최약	쇠약	약함
여름(火)	사(巳), 오(午)	약함	왕성	강함	최약	쇠약
가을(金)	신(申), 유(酉)	최약	쇠약	약함	왕성	강함
겨울(水)	해(亥), 자(子)	강함	최약	쇠약	약함	왕성
환절기(土)	진(辰), 술(戌) 축(丑), 미(未)	쇠약	약함	왕성	강함	최약

기운의 센 정도는 왕성 → 강함 → 약함 → 쇠약 → 최약 순서임.

(4) 방위의 기운

카드를 뽑을 당시 방향의 기운을 판단에 더하는 것이다. 상담자가 어느 방위에서 왔는가, 어느 방위에서 살고 있는가, 혹은 어느 방위에 앉거나 서 있는가를 보고 그 오행을 판단 재료로 삼는다는 뜻이다. 주체괘를 위해 기운을 주거나 동일한 기운의 방위이면 길한 것으로 보고, 주체괘를 제압하거나 주체괘의 기운을 빼는 방위이면 흉한 것으로 본다.

방위별 괘 오행으로는 동쪽은 진목(震木), 남쪽은 이화(離火), 서쪽은 태금(兌金), 북쪽은 감수(坎水), 북동쪽은 간토(艮土), 동남쪽은 손목(巽木), 서남쪽은 곤토(坤土), 북서쪽은 건금(乾金)이 된다.

주체괘가 진목(震木)이나 손목(巽木)이라면 주체괘가 기운을 받는 북쪽(감수) 방향, 동일한 기운의 방향 동쪽(진목)이나 동남쪽(손목)이면 길하고, 주체괘를 제압하는 서쪽(태금)이나 북서쪽(건금), 그리고 주체괘의 기운을 빼는 남쪽(이화)이면 흉하다.

또 주체괘가 이화(離火)라면 주체괘가 기운을 받는 동쪽(진목)이나 동남쪽(손목), 그리고 주체괘와 같은 남쪽(이화)에 있거나 그쪽에서 오면 길하다. 반면에 주체괘 이화(離火)를 제압하는 북쪽(감수), 주체괘의 기운을 빼는 서남쪽(곤토)이나 북동쪽(간토)에 있거나 그쪽에서 오면 흉하다.

주체괘가 간토(艮土)나 곤토(坤土)라면 기운을 더해 주는 남쪽(이화), 오행이 동일한 동북쪽(간토)이나 서남쪽(곤토)에 있거나 그쪽에서 오면 길하다. 반면에 주체괘를 제압하는 동쪽(진목)이나 동남쪽(손목), 주체괘의 기운을 빼는 서쪽(태금)이나 북서쪽(건금)에 있거나 그쪽에서 오면 흉하다.

주체괘가 태금(兌金)이나 건금(乾金)이라면 기운을 더해 주는 북동쪽(간토)이나 서남쪽(곤토), 오행이 동일한 서쪽(태금)이나 북서쪽(건금)에 있거나 그쪽에서 오면 길하다. 반면에 주체괘를 제압하는 남쪽(이화), 주체괘의 기운을 빼는 북쪽(감수)에 있거나 그쪽에서 오면 흉하다.

주체괘가 감수(坎水)라면 주체괘에 기운을 더해 주는 서쪽(태금)이나 북서쪽(건금), 오행의 기운이 같은 북쪽(감수)에 있거나 그쪽에서 오면 길하다. 반면에 주체괘를 제압하는 북동쪽(간토)이나 서남쪽(곤토), 주체괘의 기운을 빼는 동쪽(진목)이나 동남쪽(손목)에 있거나 그쪽에서 오면 흉하다.

방위의 기운도 때의 기운과 마찬가지로 주체괘가 방위로부터 기운을 얻으면 왕성하다고 보고, 방위로부터 제압을 당하면 쇠약하다고 본다. 주체괘가 왕성하면 길하고, 주체괘가 쇠약하면 흉으로 보는 것도 때의 기운과 마찬가지다. 그리고 주체괘를 위해 기운을 주는 객체괘의 방위 기운이 왕성하면 길하고, 쇠약하면 흉하다. 반면 주체괘를 제압하는 객체괘의 방위 기운이 쇠약하면 좋고, 왕성하면 좋지 않다.

상담자가 북쪽에서 오고 감수(坎水)괘가 나왔을 경우 방위 기운이 왕성하나, 곤토(坤土)괘나 간토(艮土)괘가 나왔다면 방위 오행으로부터 제압을 당해 쇠약하다. 상담자가 남쪽에서 오고 이화(離火)괘가 나왔다면 방위 기운이 왕성하나, 감수(坎水)괘가 나왔다면 방위 오행으로부터 제압을 당해 쇠약하게 된다.

또 동쪽과 동남쪽은 오행이 목(木)이므로 곤토(坤土)괘나 간토(艮土)괘를 제압하고, 서남쪽과 북동쪽은 오행이 토(土)이므로 감수(坎水)괘를 제압한다. 북쪽은 오행이 수(水)이므로 이화(離火)괘를 제압하고, 남쪽은 오행이 화(火)이므로 건금(乾金)괘나 태금(兌金)괘를 제압하고, 서쪽과 북서쪽은 오행이 금(金)이므로 진목(震木)괘와 손목(巽木)괘를 제압한다. 모든 방위와 괘는 이와 같은 이치로 판단하면 된다.

▶ 8괘별 방위

☴ 손목(巽木) 동남	☲ 이화(離火) 남	☷ 곤토(坤土) 서남
☳ 진목(震木) 동		☱ 태금(兌金) 서
☶ 간토(艮土) 북동	☵ 감수(坎水) 북	☰ 건금(乾金) 북서

(5) 사람의 기운

카드를 뽑을 당시 사람이 나타나거나 목소리가 들리는 등 사람의 기운을 판단에 더하는 것이다. 이렇게 사람에 따라서도 해당하는 괘가 정해지는데, 그 괘 오행으로부터 주체괘가 기운을 받거나 동일한 기운이면 길하고, 제압을 당하거나 기운을 빼앗기면 흉하다.

사람에 따른 괘 오행으로 할아버지와 아버지는 건금(乾金)으로 보고, 할머니와 어머니는 곤토(坤土)로 본다. 어리거나 젊은 남자는 간토(艮土)로 보고, 중년 남자는 감수(坎水), 장년 남자는 진목(震木)으로 본다. 한편 어리거나 젊은 여자는 태금(兌金)으로 보고, 중년 여자는 이화(離火), 장년 여자는 손목(巽木)으로 본다.

예를 들어 주체괘가 건금(乾金)인 경우 할아버지의 모습이나 목소리가 들리면 동일한 오행이므로 길한 것으로 판단하고, 중년 여성 모습이나 목소리가 들리면 이화(離火)로부터 주체괘 건금이 제압을 당하게 되므로 불길하다고 본다.

이처럼 점단 당시 사람의 괘와 주체괘 오행의 관계를 비교해서 길흉을 판단한다.

나) 감각적인 느낌

주체괘와 객체괘의 관계에다 계절 등 환경적인 요소도 고려해야 하지만, 5가지 환경적 요소와는 별개로 점단할 때의 눈과 귀와 마음을 통해서 보고, 듣고, 느껴지는 것도 참고해야 한다. 예를 들어 판단하는 순간 주위에서 웃는 소리가 들리면 길해서 경사로운 일이 있다고 보고, 우는 소리가 들리면 슬픈 일이 있다고 보는 것이다.

　괘를 판단할 때 느낌을 중시하는 것이 당연한 일임에도 불구하고 상담자에 대한 관심이나 배려를 기울이지 않거나 감각적인 느낌을 무시하고, 그저 일반적인 기준에 따라 단정해 버리는 경우가 없지 않다. 그렇게 되면 괘가 나타내고 있는 현상을 아무리 잘 포착한다 하더라도 실수를 범하게 된다.

　괘의 의미를 파악하고, 오행을 대조하고, 상담자가 처한 상황과 배경 등 환경적 요소를 충분히 이해한 다음 판단해야 한다는 뜻이다. 그렇다고 해서 환경적 요소에 지나치게 치중해서 자기 주관을 개입시키거나 억지로 다른 요소를 갖다 붙이다 보면 정확히 판단하기는커녕 오히려 횡설수설하게 되므로 주의해야 한다.

　주체괘를 둘러싼 객체괘와 환경적 요소, 그리고 감각적인 느낌, 이들의 관계를 복합적으로 비교해 판단할 수 있는 경륜을 꾸준히 쌓아야 할 것이다.

다) 왕성과 쇠약을 감안한 판단

　주체괘가 왕성하면 길하고, 쇠약하면 흉하다는 것은 앞에서도 설명했다. 또 주체괘는 다른 괘로부터 기운을 받으면 길하고 제압을 당하면 좋지 않은데, 주체괘가 왕성한 데다가 객체괘로부터 기운까지 받고 있다면 일은 성공적으로 실현될 것이 틀림없다.

　그리고 주체괘가 쇠약하더라도 객체괘로부터 기운을 받으면 큰 흉은 없다고 본다. 그러나 이때 주체괘를 위해 기운을 주는 객체괘의 힘이 왕성한지 쇠약한지에 따라 주체괘에 미치는 영향이 달라진다. 만약 객체괘가 쇠약하다면 주체괘를 제압한다 해도 큰 영향이 없지만, 왕성한 객체괘가 주체괘를 제압한다면 매우 흉할 것이다.

한편 주체괘가 쇠약하더라도 객체괘나 환경적 요소가 기운을 더해 주면 큰 흉은 없다. 주체괘가 왕성한 데다가 객체괘와 환경적 요소로부터 기운도 받고 있다면 일은 반드시 성공한다. 이처럼 주체괘와 객체괘를 비교할 때 단순히 오행만을 따질 것이 아니라 그 기운이 왕성한지 쇠약한지를 따져서 길흉 판단에 참고해야 한다.

주체괘가 왕성한 경우를 구체적으로 예를 들면, ① 주체괘가 객체괘로부터 기운을 받을 때, ② 주체괘와 객체괘가 같은 오행일 때, ③ 주체괘가 환경적 요소로부터 기운을 받을 때이다.

반대로 주체괘가 쇠약한 경우는, ① 주체괘가 객체괘로부터 제압을 당할 때, ② 쇠약한 주체괘가 객체괘에 기운을 빼앗길 때, ③ 주체괘가 환경적 요소로부터 제압을 당할 때이다.

▶ 주체괘가 왕성할 경우

주체괘가 객체괘로부터 기운을 받고 있다	주체괘가 객체괘로부터 제압을 당하고 있다	주체괘와 객체괘가 동일하다
길하다	큰 해는 없다	길하다

▶ 주체괘가 쇠약할 경우

주체괘가 객체괘로부터 기운을 받고 있다	주체괘가 객체괘로부터 제압을 당하고 있다	주체괘와 객체괘가 동일하다
큰 흉은 없다	흉하다	큰 흉은 없다

제 2 장

태극타로의 순서와 요령

1. 마음가짐

동서고금을 막론하고 인간은 자신의 미래에 대한 길흉 성패를 미리 알고 싶어 하지만, 그것은 인간의 능력이 미치는 한계가 아니었다. 그래서 수많은 도구를 이용해 신의 계시를 얻을 수 있는 점술에 의존해 왔던 것이다.

『주역』은 64개 괘상을 뿌리 삼아 대나무나 솔잎, 콩알, 쌀알, 글자 수 등을 이용해 하늘에 답을 구하고, '천·택·화·뇌·풍·수·산·지'의 8원소가 아래위로 자리바꿈을 하면서 64개의 괘를 만들어 내는데, 이를 풀어 그 해답을 찾았다.

이에 비해 서양에서는 카드 위에 숫자나 형상, 색깔 등을 그려 넣은 타로라는 매개체를 개발해 뽑힌 카드가 의미하는 내용을 보고 점단하는 방식을 이용해 왔다. 최근 우리나라에서도 젊은 층을 중심으로 관심을 끌고 있는 타로는 주로 르네상스 시대 이탈리아에서 그려진 것으로 알려져 있으며, 현존하는 타로 중 가장 오래된 카드는 1440년 이탈리아에서 등장한 타로코(TAROCO)라는 카드이다.

이처럼 타로의 역사는 아직 6백 년이 채 되지 않았을 정도로 『주역』의 역사와는 비교가 되지 않는다. 그리고 주역점도 서양의 타로처럼 카드를 이용해 괘를 뽑는다고 해서 원리나 해석이 어긋나는 것은 아니다. 다만 옛날에는 종이가 귀했기 때문에 대나무 등 자연 속에서 괘를 만들거나 의문이 생기는 그 시점의 연월일시를 근거로 괘를 만들어 점단했을 뿐이다.

따라서 태극타로는 동양의 『주역』과 서양 타로의 장점을 접목한 방법이라고 할 수 있다. 각 괘의 의미와 오행을 비교해 길흉화복을 판단하는 『주역』의 방식에 카드라는 편리한 매개체를 접목함으로써 하늘의 응답을 보다 간편하고 효율적으로 얻을 수 있도록 했다는 뜻이다.

중요한 것은 정확한 답을 얻으려는 점술자의 간절한 마음이다. 카드를 뽑는 순간 정신집중이 요구되는 것도 이 때문이다. 그런데 많은 사람은 과연 마음을 모은다고 해서 제대로 된 답을 얻을 수 있느냐는 의문을 제기한다. 그러나 마음을 모으면 알고 싶은 사안에 대해 정확한 답을 얻을 수 있다.

이 세상에 존재하는 대부분의 점이 그러하듯이 마음을 모아 카드를 뽑으면 인간의 뇌에 존재하는, 알고 싶은 사안에 대한 생각이 하나의 파장, 즉 뇌파가 되어 하늘과 연결되고, 인간의 혼이 하늘의 기운과 제대로 교감이 이루어진다면 그에 해당하는 답신을 받게 되는 것이다. 다만 인간은 하늘의 목소리(파장)를 제대로 들을 수 없기 때문에 그 매개체인 카드를 통해 답을 받고 해석하는 것이다. 매개체는 옛날부터 주역에서 주로 사용해 왔던 대나무 가락이 될 수도 있고, 동전이 될 수도 있으며, 다른 어떤 물체라도 무방하다. 다만 하늘에 알고 싶은 바를 일러 달라고 마음을 모아 간절히 구하면 되는 것이다. 타로를 이용해 일어날 일을 예측하는 것도 이와 같은 이치다.

태극타로 또한 카드라는 도구를 통해 하늘이 보여 주는 괘를 받아 그 의미를 해석하는 것이다. 마음을 비우고 알고 싶은 사안에 대해 생각이 모이는 순간, 카드를 뽑으면 하늘은 반드시 여기에 감응하는데, 자신의 머릿속에 있는 고유의 주파수가 파장이 되어 나가고, 그 파장은 우주 속에 있는 같은 주파수와 연결되어 그 사안에 대한 과정과 결과가 내려오기 때문이다.

한문에서 신(神)이라는 글자의 의미, 즉 '보여주는 것(示)으로 말한다(申)'는 현상이 발생한다는 말이다. 일반적으로 신이라고 하면 특정 종교나 무속을 연상하기 십상이나 여기서 신이란 의미는 우주 공간에 가득한 기의 파장을 의미한다.

최근 들어 양자물리학에서 증명했듯이 우주는 무수한 파장으로 가득 차 있다. 그래서 그 파장이 같다면 하늘과 이 세상에 존재하는 유·무형의 물체는 연결되고 또 교감한다. 우리가 생활 속에서 리모컨을 눌러 텔레비전 채널을 바꾸면 다른 방송이 나오는 것과 같은 이치다. 또 휴대전화로 상대방 번호를 누르면 그 번호 주파수가 허공을 날아가 상대방 휴대전화와 연결되는 것과도 같은 이치다.

신앙생활을 하는 사람이 병이 치료되기를 간절히 기도하면 육체의 질병이 치료되는 것도 마찬가지 원리다. 미국의 양자 생물학자 글렌 라인(Glen Rein)은 기도나 명상으로 병이 치유되는 과정에 대해 설명했는데, 간절한 마음은 우주에 있는 집단 무의식에 전달되고 → 몸과 우주의 에너지장(파장)이 연결되고 → 그 에너지장이 육체에 전달된다고 했다. 또 정신의학자 칼 융은 '동시성의 원리'라는 논문을 통해 우주의 허공은 집합 무의식으로 충만해 있으며, 인간의 마음속에 잠재하고 있는 무의식이 우주의 무의식과 연결되어 있다고 발표하기도 했다.

실제로 오랫동안 명상이나 기 수련을 한 사람이 자신의 뇌를 무념의 상태로 만들면 몸속 기운의 파장이 하늘의 기운과 교감하는 것을 느낄 수 있으며, 몸속 각 장부가 갖고 있는 고유의 주파수는 하늘에 있는 같은 파장의 주파수와 연결되어 세포 하나하나에까지 진동하는 것을 느낄 수 있다. 이는 필자가 명상을 통해 매일 체험하는 현상이기 때문에 자신 있게 주장할 수 있다.

태극타로 또한 인간이 궁금해하는 생각에 상응하는 주파수와 우주에 있는 같은 주파수가 만나게 되고, 우주의 주파수는 태극타로를 뽑는 손을 통해 가장 적절한 답이 그려진 괘를 뽑게 하는 것이다. 따라서 알고 싶어 하는 단 한 가지 일에 마음을 집중해야 그 답에 해당하는 괘를 제대로 뽑을 수 있다. 친구 생각, 가족 걱정, 돈 걱정 등 이런저런 생각으로 머릿속이 복잡한 상태에서 에라 모르겠다는 식으로 카드를 뽑는다면 결코 하늘의 파장과 제대로 공명할 수 없다.

설령 많은 생각 중에서 어떤 한 가지 생각의 파장(주파수)이 하늘의 파장과 공명했다 할지라도 어떤 생각의 파장과 공명한 카드인지 알 수가 없고, 그렇게 뽑힌 카드로 특정 사안을 예측하거나 미래에 대한 정확한 답을 얻으려는 것은 산에서 물고기를 얻으려는 것과 다를 바가 없다. 카드를 뽑을 때 집중력을 무엇보다 중요시하는 이유도 바로 여기에 있다. 그래서 태극타로를 뽑을 때는 반드시 지켜야 할 원칙이 있다.

첫째, 장난삼아 점을 쳐서는 안 되며 불법에 대한 점을 쳐서도 안 된다. 즉, '맞아도 그만 안 맞아도 그만'이라는 마음으로 카드를 뽑는다면 제대로 된 답을 얻을 수 없다. 또한 도박이나 사기 등 법에 어긋나거나 다른 사람에게 피해를 주는 일에 활용하기 위해 점단을 해서도 안 된다. 이렇게 귀한 것을 다투는 수단으로 쓴다면 마치 보검으로 살생하는 것과 다름이 없기 때문이다.

둘째, 한 가지 사건으로 같은 날 되풀이해서 점단해서는 안 된다. 가끔 좋은 괘가 나올 때까지 치는 경우가 있는데, 그렇게 하면 맞지 않는다. 괘가 불리하다고 해서 한 번 더 뽑는다면 이미 하늘은 그 사실을 알고 정확한 답을 알려주지 않는다. 하지만 같은 사람일지라도 다른 사안에 대한 점단이면 여러 번 해도 관계가 없다.

답을 얻고 싶은 사안에 마음을 모아 괘를 제대로 뽑았다면, 괘의 의미와 오행의 관계를 비교해 보면 쉽게 길흉을 판단할 수 있다. 괘상의 의미에 대해서는 6천 년 전 태호 복희씨를 시작으로 주나라 문왕, 공자, 소강절 등 수많은 대학자가 설명해 놓았으니 이를 참고하면 될 것이다.

셋째, 점을 치는 당사자가 직접 카드를 뽑아야 한다. 하지만 직접 뽑을 수 없는 불가피한 경우에는 대신해서, 진정으로 당사자의 입장이 되어 카드를 뽑아야 한다. 다른 사람 입장에서 당사자의 일이 잘못되기를 바라는 마음으로 카드를 뽑는다면 결코 하늘의 주파수와 공명할 수 없다.

2. 카드 뽑는 순서와 방법

① 심호흡을 2~3차례 하여 마음을 안정시킨다.

② 태극타로 괘 카드 64장과 효 카드 6장을 함께 잘 섞은 다음 길게 펼친다.

③ 알고 싶은 사안에 생각을 집중하며 뒷면이 파란색으로 된 괘 카드 64장 중에서 한 장을 뽑아 본괘를 정한다.

④ 마찬가지로 알고 싶은 사안에 마음을 집중하며 뒷면이 붉은색으로 된 효 카드 6장 중에서 한 장을 뽑아 변하는 효를 정한다.

⑤ ③의 본괘에서 ④의 변하는 효에 해당하는 괘의 음양을 바꾸어 변한괘를 만든 다음 다른 종이에 그린다.

3. 길흉 판단 방법

① 먼저 뽑은 괘가 무슨 괘인지, 태극 문양 아래에 있는 괘의 명칭을 참고하여 성격을 파악한다.

② 모든 점단은 주체괘를 중심으로 오행을 비교하고 판단하는 것이므로 괘의 오행을 파악하는 것으로부터 판단이 시작된다.

주체괘는 본괘의 윗괘와 아랫괘 중에서 변하는 효가 없는 괘를 말한다. 주체괘는 주인공, 즉 자신이거나 자신이 알고 싶어 하는 사안을 말한다. 한편 변하는 효가 있는 괘를 상대괘(제1객체괘)라 한다.

따라서 변하는 효가 윗괘에 있으면 아랫괘가 주체괘가 되고 윗괘는 상대괘가 된다. 반면 변하는 효가 아랫괘에 있으면 윗괘가 주체괘가 되고 아랫괘는 상대괘가 된다. 일의 초반 성사 여부는 주체괘와 상대괘의 오행을 비교하여 판단한다.

③ 주체괘와 중간괘(제2객체괘)의 오행을 비교 판단하여 일의 진행 과정과 길흉을 판단한다. 2개의 중간괘 중에서 주체중간괘를 상대중간괘보다 중요시한다.

④ 상대괘에서 변하는 효의 음양을 바꾼 괘를 변한괘(제3객체괘)라 한다. 주체괘와 변한괘의 오행을 비교하여 점단하는 일의 최종 성사 여부를 판단한다.

⑤ 주체괘를 제외한 상대괘, 중간괘, 변한괘를 모두 객체괘라고 하는데, 모든 점단은 주체괘 오행과 각 객체괘 오행을 비교하여 길흉화복과 성사 여부를 판단한다.

객체괘가 주체괘에 기운을 주거나, 주체괘와 객체괘의 기운이 동일하거나, 주체괘가 객체괘를 제압하고 있다면 일이 이루어지는 것으로 본다. 반면 주체괘가 객체괘에 기운을 빼앗기거나 객체괘가 주체괘를 제압하고 있다면 일이 이루어지지 않는다.

일이 전개되는 과정은 상대괘, 중간괘, 변한괘의 순서이고, 오행의 관계를 비교하여 과정별 성사 여부를 판단한다. 주체괘가 상대괘에 힘을 빼앗기고, 중간괘와는 기운이 동일하고, 변한괘를 제압할 경우에는, 처음에는 잘 풀리지 않다가 중간 단계에서 좋아지기 시작해 좋게 끝난다고 판단한다.

⑥ 주체괘에 기운을 주는 객체괘도 있고 제압하는 객체괘도 있다면, 객체괘끼리 기운을 비교해야 한다. 제압하는 객체괘가 기운을 주는 객체괘보다 힘이 세다면 그 일은 이루어지기 어렵다. 반면에 기운을 주는 객체괘가 제압하는 객체괘보다 힘이 세다면 다소의 어려움은 있지만 그 일은 이루어지는 것으로 판단한다. 이렇게 전체적인 관계를 파악한 다음 힘이 왕성한가, 쇠약한가를 따져서 판단해야 한다.

⑦ 주체괘와 객체괘를 비교했을 때 모두 제압이 되거나, 아니면 모두 기운을 받는 등 길흉이 분명하게 구분되는 경우는 많지 않다. 대부분의 경우 길흉이 섞여 있기 때문이다. 이런 경우에는 진행하는 과정에 따라 길흉을 판단하는 동시에 전체적인 힘의 크기도 참고해야 한다. 주체괘를 제압하는 객체괘가 많고 기운을 주는 객체괘가 하나뿐이

라면 위험 속에서도 구원의 손길이 있거나 막다른 길에서도 한줄기 희망의 빛이 나타난다고 판단한다. 반대로 주체괘에 기운을 주는 객체괘가 많고 제압하는 객체괘가 하나뿐이라면 길한 중에 흉의 싹이 튼다고 보아 안심하거나 방심해서는 안 된다고 판단한다.

4. 길흉 내용 판단

　기운을 받는 주체괘가 의미하는 상을 보고 길흉의 내용을 판단한다.
　주체괘가 건금(乾金)일 경우에는 관직이나 명예, 노인, 서북쪽 등을 상징한다. 객체괘가 기운을 주면 관직에 이익이 있거나 공명에 즐거움이 있다. 혹은 소송에서 이겨 명리를 얻거나 아버지로부터 재산을 얻거나 도움을 받는다. 서북쪽에는 재물이 있다. 반면 주체괘가 제압을 당하면 반대 현상으로 풀이한다. 즉, 관직으로 인한 걱정이나 재산상에 손실이 있다거나 아버지로 인해 손해를 보거나 아버지에게 꾸중을 듣는 일이 생긴다고 본다. 서북쪽에는 손해가 있다.
　주체괘가 태금(兌金)인 경우에는 즐거움, 구설수, 서쪽 등을 상징한다. 객체괘가 기운을 주면 즐거움이 있거나 서쪽에 재물이 있다. 주체괘 태금이 제압을 당하면 구설의 분쟁이 생기거나 서쪽에 손해가 있다. 음식으로 인한 우환이 생기기도 한다.
　주체괘가 이화(離火)인 경우에는 문서, 남쪽 등을 상징한다. 객체괘가 기운을 주면 문서로 인한 기쁨이 있거나 남쪽에 재물이 있다. 반면 주체괘 이화가 제압을 당하면 문서에 우환이 있거나 남쪽에서 걱정이 생긴다.
　주체괘가 진목(震木)인 경우에는 나무, 이동, 놀라움, 동쪽 등을 상징한다. 객체괘가 기운을 주면 신문, 출판 등으로 인한 이익을 얻거나 동쪽으로 이동하면 기쁨이나 이익이 있다. 반면 주체괘 진목이 객체괘로부터 제압을 당하면 놀라는 일이 생기거나 심신이 불안하다.

주체괘가 손목(巽木)인 경우에는 신문이나 출판, 동남쪽을 상징한다. 객체괘가 기운을 주면 신문이나 출판으로 재산을 얻거나 동남쪽으로부터 귀인이나 이익이 온다. 반면 주체괘 손목이 제압을 당하면 신문이나 출판으로 인해 걱정이 생긴다. 일을 도모할 때는 동남쪽을 피해야 한다.

주체괘가 감수(坎水)인 경우에는 물과 관련 있는 것과 북쪽을 상징한다. 객체괘가 기운을 주면 북쪽에 재물이 있거나 북쪽에서 이익을 얻는다. 물가에 사는 사람에게 도움을 얻거나 물고기, 소금, 술을 장사하면 이익을 얻는다.

주체괘가 곤토(坤土)인 경우에는 땅, 여성, 서남쪽 등을 상징한다. 객체괘가 기운을 주면 부동산으로 인한 기쁨이 있거나 여성으로부터 이익을 얻는다. 반면 주체괘 곤토가 제압을 당하면 부동산으로 인한 걱정이 있거나 여성으로 인해 손해를 당하는 일이 생긴다.

주체괘가 간토인 경우에는 곤토와 유사하다. 오행이 토(土)로 동일하기 때문이다. 다만 방향은 북동쪽에 해당한다.

위에서 예를 든 각 괘 의미는 극히 일부에 불과하지만 모든 사안을 주체괘의 의미에 따라 풀이하면 쉽게 알 수 있다.

5. 성사 과정 판단

일의 성사 여부와 그 과정은 주체괘와 객체괘의 관계를 보고 판단한다. 일이 진행되는 순서는 객체괘 중에서도 상대괘가 가장 먼저이며, 두 번째는 주체중간괘, 세 번째는 상대중간괘, 마지막으로 변한괘 순이다.

주체괘를 위해 기운을 주는 객체괘가 있을 경우에는 어떤 길한 일이 생기는지, 주체괘를 제압하는 객체괘가 있으면 어떤 흉한 일이 생기는지를 주체괘의 오행을 보고 판단한다. 상대괘가 기운을 주지도 제압하지도 않는 경우에는 도와주는 사람이 없는 대신 방해하는 사람도 없다는 의미다. 동일한 괘가 있으면 닮은 것이나 같은 부류의 사람, 마음이 같은 사람이 주위에 모여 있다고 본다.

6. 성사 시기 판단

가. 괘가 의미하는 수로 판단

점단에서 가장 중요한 것은 그 일이 일어나는 시기다. 언제쯤 집이 팔리겠는가, 몇 살 때 결혼하겠는가, 이처럼 일의 성사 여부만큼이나 중요한 것이 시기다. 길흉은 잘 판단할지라도 그 일이 언제 일어날지를 알지 못하면 막연한 점단이 되고 만다.

길흉이 결정되는 시기는 주체괘에 기운을 주거나 주체괘를 제압하는 객체괘의 숫자, 일시, 순서 등으로 판단한다. 성사 시기는 주체괘에 기운을 주는 괘가 상대괘에 있으면 일이 빨리 이루어지고, 중간괘에 있으면 일이 서서히 이루어지고, 변한괘에 있으면 일이 늦게 이루어진다고 판단한다.

일이 실패하는 시기는 주체괘를 제압하는 괘가 상대괘에 있으면 일이 빨리 망가지고, 중간괘에 있으면 일이 서서히 망가지고, 변한괘에 있으면 일이 늦게 망가진다고 본다.

구체적인 시기는, 길한 일은 주체괘에 기운을 주는 괘나 동일한 괘에 해당하는 시기에 이루어지고, 반면에 흉한 일은 주체괘를 제압하는 괘에 해당하는 시기에 일어난다. 예를 들어 금전이나 재산이 들어오는 시기를 알려면 주체괘에 기운을 주는 객체괘의 상징 수를 보면 된다. 반면에 파산이나 손실을 보는 시기를 알려면 주체괘를 제압하는 객체 괘의 상징 수를 보고 판단한다.

괘가 의미하는 상징 수는 8괘의 순서를 나타내는 서열과 8괘별 음 양오행에 따른다.

즉, 건금(乾金)은 8괘 가운데 첫 번째 괘이므로 상징 수를 1로 본다. 또 오행에서 금(金)의 수는 4와 9이고, 건금은 양금(陽金)이므로 양의 수 9를 건금의 상징 수로 본다.

태금(兌金)은 8괘에서 두 번째 괘이므로 상징 수를 2로 본다. 또 오 행에서 금(金)의 수는 4와 9이고, 태금은 음금(陰金)이므로 음의 상징 수 4를 태금의 수로 본다.

이화(離火)는 8괘에서 세 번째 괘이므로 상징 수를 3으로 본다. 또 오행에서 화(火)의 수는 2와 7이고, 화를 의미하는 괘는 이화뿐이므로 2와 7 모두를 이화의 상징 수로 본다.

진목(震木)은 8괘에서 네 번째 괘이므로 상징 수를 4로 본다. 또 오 행에서 목(木)의 수는 3과 8이고, 진목은 양목(陽木)이므로 양의 수 3을 진목의 상징 수로 본다.

손목(巽木)은 8괘의 다섯 번째 괘이므로 상징 수를 5로 본다. 또 오 행에서 목(木)의 수는 3과 8이고, 손목은 음목(陰木)이므로 음의 수 8을 손목의 상징 수로 본다.

감수(坎水)는 8괘의 여섯 번째 괘이므로 상징 수를 6으로 본다. 또 오행에서 수(水)는 1과 6이고, 수를 의미하는 괘는 감수뿐이므로 1과 6 모두를 감수의 상징 수로 본다. 여기서 6은 괘의 순서에 의한 수와 겹치므로 상징 수는 다른 괘와 마찬가지로 두 개뿐이다.

간토(艮土)는 8괘의 일곱 번째 괘이므로 상징 수를 7로 본다. 또 오행에서 토(土)의 수는 5와 10이고, 간토는 양토(陽土)이므로 양의 수 5를 간토의 상징 수로 본다.

곤토(坤土)는 8괘의 여덟 번째 괘이므로 상징 수를 8로 본다. 또 오행에서 토(土)의 수는 5와 10이고, 곤토는 음토(陰土)이므로 음의 수 10을 곤토의 상징 수로 본다.

이때 그 시기 단위는 해당 상징 수의 연월일시로 볼 수도 있고, 결정되기까지 기간으로 볼 수도 있는데, 그 판단은 점단하는 사안에 따라 상식적으로 하면 된다. 상징 수의 단위를 장기간으로 봐야 하는 경우에는 연 또는 10년 단위로 보고, 중간 정도 기간은 연 또는 월로 보고, 짧은 시일일 경우에는 월 또는 일로 보고, 해당 괘의 수를 단위 앞에 붙인다.

▶ 8괘별 상징 수

괘	건금 (乾金)	태금 (兌金)	이화 (離火)	진목 (震木)	손목 (巽木)	감수 (坎水)	간토 (艮土)	곤토 (坤土)
수	1, 9	2, 4	3, 2, 7	4, 3	5, 8	6, 1	7, 5	8, 10

나. 괘가 속한 달로 판단

각 괘에는 괘월(卦月)이라 하여 고유의 달(月)이 있고, 시기를 판단할 때 가장 중요시하는 것은 그 괘에 해당하는 달이다. 그 괘에 해당하는 달에 괘의 기운이 가장 세다고 보기 때문으로, 어떤 사안이 이루어질 가능성이 가장 높은 달이라고 할 수 있겠다.

태극타로에는 8괘 이름 옆에 숫자가 기록되어 있는데, 이것은 그 괘가 어머니괘로부터 몇 번째 괘인지를 표시한 것이다. 동시에 점단하는 본효의 위치를 나타내기도 한다. 숫자는 어머니괘의 아래로부터 위로 한 효씩 거슬러 올라가면서 계산하면 된다. 즉, 1이면 첫효, 2이면 2효, 3이면 3효, 4이면 4효, 5이면 5효, 6이면 끝효가 본효이다. 숫자가 6인 괘는 끝효가 본효인 동시에 해당 어머니괘라는 점을 나타낸다.

본효가 양효(陽爻)일 경우에는 첫효를 음력 11월로 하고 위로 올라가면서 1개월씩 더해 본효에 해당하는 달을 그 괘의 달로 본다. 예를 들어 본효가 양효로 3효에 있다면, 첫효가 11월, 2효는 12월, 3효는 1월이 되어 그 괘는 1월괘가 되는 것이다.

본효가 음효(陰爻)인 경우에는 첫효를 음력 5월로 보고 위로 1개월씩 더해 가면 된다. 본효가 음효이면서 4효인 경우에는, 첫효가 5월, 2효는 6월, 3효는 7월, 4효는 8월이 되어 이 괘는 8월괘가 되는 것이다.

따라서 태극타로로 시기를 점단할 경우 상단에 적혀 있는 숫자 효가 양효인지 음효인지를 먼저 판단한 후 양효라면 11월부터 그 숫자 효까지 세고, 음효라면 5월부터 그 숫자 효까지 세어서 괘월을 파악하면 된다. 어머니괘는 가장 높은 데 위치한 끝효가 본효이다.

본효가 양효(—)인 경우 첫효를 11월부터 시작하는 것은 음이 극에 달해 양으로 변하기 시작하는 시기를 동지로 보기 때문이다. 본효가 음효(--)인 경우 첫효를 5월부터 시작하는 것은 양이 극에 달해 음으로 변하기 시작하는 시기를 하지로 보기 때문이다.

그리고 뽑은 괘와 해당하는 달이 같다면 기운을 얻어 점단하는 일
이 이루어지거나 유리하다고 본다. 가출점에서 귀가할 것으로 판단될
경우, 뽑은 괘의 월에 귀가한다고 본다.

▶ 괘월

본효의 음양	세대 구분	본효의 위치	괘월	구분
음	어머니괘	끝효	10월	본효가 음효인 경우에는 첫효를 음이 처음 발생하는 때인 5월로 보고, 본효가 있는 효까지 1개월씩 세어 올라감. 유혼괘는 ④효, 귀혼괘는 ③효가 본효임.
	1세대괘	첫효	5월	
	2세대괘	2효	6월	
	3세대괘	3효	7월	
	4세대괘	4효	8월	
	5세대괘	5효	9월	
	유혼괘	④효	8월	
	귀혼괘	③효	7월	
양	어머니괘	끝효	4월	본효가 양효인 경우에는 첫효를 음이 처음 발생하는 때인 11월로 보고, 본효가 있는 효까지 1개월씩 세어 올라감. 유혼괘는 ④효, 귀혼괘는 ③효가 본효임.
	1세대괘	첫효	11월	
	2세대괘	2효	12월	
	3세대괘	3효	1월	
	4세대괘	4효	2월	
	5세대괘	5효	3월	
	유혼괘	④효	2월	
	귀혼괘	③효	1월	

7. 방위 판단

　방위가 주체괘를 위해 기운을 주느냐, 주체괘를 제압하고 있느냐를 보고 길흉을 판단한다. 즉, 객체괘가 주체괘를 위해 기운을 주거나 오행이 동일한 경우에는 객체괘의 방위가 길하다. 반면 객체괘가 주체괘의 기운을 빼앗거나 제압하는 경우에는 객체괘의 방위가 흉하다.

　금전이나 재산이 들어오는 방위를 알려고 하면 주체괘를 위해 기운을 주는 객체괘의 방위를 보면 알 수 있고, 파산이나 손실을 보는 방위를 알려고 하면 주체괘를 제압하는 객체괘의 방위를 보고 그 시기를 판단한다. 직장 생활을 하는 사람의 임지(任地)를 알고 싶은 경우에는 변한괘의 방위를 보고 판단한다.

　8괘의 해당 방위로 건금(乾金)은 북서쪽이며, 태금(兌金)은 서쪽, 이화(離火)는 남쪽, 진목(震木)은 동쪽, 손목(巽木)은 남동쪽, 감수(坎水)는 북쪽, 간토(艮土)는 동북쪽, 곤토(坤土)는 서남쪽을 의미한다.

▶ 괘가 의미하는 방위

괘	건금 (乾金)	태금 (兌金)	이화 (離火)	진목 (震木)	손목 (巽木)	감수 (坎水)	간토 (艮土)	곤토 (坤土)
방위	북서	서	남	동	남동	북	동북	서남

제 **3** 장

사안별 판단

1. 인생에 관한 일

　한 인간이 걸어가야 할 인생길에 대한 사안을 점단할 경우에는 주체괘를 본인으로 해서 객체괘와의 관계를 살펴야 한다. 여러 객체괘 중에서 주체괘에 기운을 주는 괘가 많으면 길한 일이 많으며, 주체괘를 제압하는 객체괘가 많으면 흉한 일이 많다. 그 균형을 보면 길흉의 정도를 판단할 수 있다.

⊙ 객체괘가 주체괘를 제압하는 것은 좋지 않다. 본인에게 나쁜 일이 생긴다는 의미가 된다. 그럴 경우 자신의 실력을 제대로 발휘할 수 없다. 심한 경우에는 모략으로 인해 궁지에 몰리게 된다.

⊙ 주체괘가 객체괘를 제압하는 경우에는 길한 것으로 본다. 본인이 주위 사람보다 환경이나 실력이나 행동력이 뛰어나다는 의미다. 자신의 의견대로 밀고 나가도 통할 수 있고, 자신의 에너지가 주위 환경을 제압하고 있으니 아무리 어려운 환경이라 할지라도 능히 제압해 나갈 수 있다.

⊙ 주체괘가 객체괘로부터 기운을 받으면 본인에게 이익이 있다

고 판단한다. 본인에게는 그만한 실력이 없더라도 환경이나 주위 사람의 도움으로 원하는 바를 얻을 수 있다.

⊙ 주체괘가 객체괘에 기운을 빼앗기면 손해 볼 우려가 있다. 본인이 주위 사람을 위해 기운을 빼앗기지 않으면 안 되는 상황으로, 본인의 일은 뒷전으로 밀려나 있다. 주위 사람이 손을 벌렸을 때 도와주지 않아서 원한을 사는 경우도 있다.

⊙ 주체괘와 객체괘가 동일하면 일이 순조롭고 이익도 있다. 주위 사람도 마치 친구인 양 기운을 보태 준다.

2. 주택에 관한 일

　인생에 관한 일과 마찬가지로 주체괘와 객체괘를 비교해 판단한다. 다만 주택에 관한 일은 상담자를 주체괘로 하고, 주택을 객체괘로 해서 판단한다. 현재 살고 있는 집에서 계속 사는 것이 좋은지, 아니면 이사하는 것이 좋은지를 판단할 때 이 방법을 사용한다.

⊙ 주체괘가 객체괘로부터 기운을 받으면 그 집에 사는 동안 이익이나 재산이 늘어나는 기쁨이 있다. 이것은 주택이 본인에게 기운을 주기 때문이다. 그 사람의 능력도 늘어나고, 운도 좋아진다.

⊙ 주체괘가 객체괘에 기운을 빼앗기면 그 집에 사는 동안 손실이나 도난의 우려가 있다. 집주인의 기운이 집의 에너지에 흡수되어 길운이 사라지고 말기 때문이다. 그래서 좋지 않은 일이나 손실이 나타난다.

⊙ 객체괘가 주체괘를 제압하면 그 집에 사는 동안 흉사가 많다. 집의 기운이 나쁘거나 집의 기운이 집주인의 에너지보다 강한 경우를 의미한다. 집의 에너지가 집주인의 에너지를 제압해

운을 가로막거나 부정적인 방향으로 돌려놓는다. 집주인의 기운이 완전히 탈진해 버린다.

⊙ 주체괘가 객체괘를 제압하면 그 집에 사는 동안 좋은 일이 많다. 그 집의 기운이 다소 나빠도 집주인의 에너지가 그것을 누르기 때문에 운세는 영향을 받지 않는다.

⊙ 주체괘와 객체괘가 동일하면 그 주택에 사는 동안 편안하다고 본다. 집주인의 기운과 같은 기운이 교감하므로 크게 좋거나 나쁜 것이 없는 무난한 상태가 된다.

3. 결혼에 관한 일

인간이 살아가는 데 있어 결혼만큼 중요한 일은 없다. 태어남과 죽음이 더 중요하겠지만 그것은 자신의 의지와는 별로 관계가 없는 일이다. 그러나 결혼만큼은 자신의 의지에 따라 얼마든지 상대를 선택할 수 있기 때문이다. 결혼에 관한 일은 주체괘를 본인으로, 객체괘를 '결혼' 그 자체로 한다. 객체괘를 결혼 상대자로 하지 않는다는 점에 주의하기 바란다. 그 이유는 결혼이 자신에게 행복할 것인가를 판단하기 때문이다. 길흉이란 상대와의 궁합이 아니라 결혼한다는 행위 그 자체이다. 그래서 상대를 보지 않고 '그 사람과 결혼하는 자신의 행위'를 놓고 점단하는 것이다.

⊙ 주체괘가 객체괘로부터 기운을 받으면 결혼은 잘 될 뿐만 아니라 결혼해서도 좋은 일이 있다. 결혼을 한다는 것 자체가 본인에게 유리하게 작용한다.

⊙ 주체괘가 객체괘에 기운을 빼앗기면 결혼에 이르기 어렵다. 설령 결혼한다 해도 결과가 좋지 못하다. 결혼하는 행위에 자신의 기운이 빼앗기기 때문이다. 본인이 그 결혼을 성사시킨다

면 운기가 적지 않게 손상될 것이다.

⊙ 객체괘가 주체괘를 제압하면 그 결혼은 잘 되지 않는다. 결혼
해도 좋은 일이 없을 것이다. 결혼하는 행위가 자신의 운을 해
치기 때문이다. 이 같은 경우에는 당연히 상대와의 궁합도 나
쁘다. 생활 방식이나 사고방식이 정반대이거나 심한 경우에는
배우자로 인해 손해를 보는 경우도 있다. 주체괘가 객체괘에
기운을 빼앗기는 경우나 객체괘가 주체괘를 제압하는 경우에
는 사기 결혼을 당할 우려도 있다.

⊙ 주체괘가 객체괘를 제압하면 결혼 그 자체는 길하지만 결혼에
이르기까지 많은 시간이 필요하다. 자신이 결혼하는 행위를
제압해 나갈 수 있지만, 그렇게 하면 자신도 많은 기운을 소진
해야 하므로 시간이 걸린다고 판단하는 것이다.

⊙ 주체괘와 객체괘가 동일하면 그 결혼은 좋다. 서로 이익이 있
다고 본다. 결혼하는 행위가 자신의 운기와 같기 때문이다.

4. 출산에 관한 일

출산에 관한 일의 판단은 다른 일과 약간 다르다. 출산의 경우에는 주체괘를 산모로 하고 객체괘를 아기로 한다. 출산의 경우에는 모자 모두 건강한 것을 중요시하므로 다른 사안처럼 주체괘와 객체괘가 기운을 주고받는 관계로 판단하지 않는다.

주체괘와 객체괘 모두 왕성하면 좋고 쇠약하면 좋지 않다고 판단한다. 또 서로 기운을 주면 길하고 서로 제압하면 흉으로 판단한다. 왕성하다는 것은 계절의 오행으로부터 기운을 받거나 계절과 같은 오행인 경우를 말하며, 쇠약하다는 것은 그 반대의 경우를 말한다.

- ⊙ 주체괘가 객체괘로부터 기운을 받으면 안전하다고 본다. 아기가 어머니의 부담을 덜어 주기 때문이다.

- ⊙ 주체괘가 객체괘에 기운을 빼앗기면 아기가 건강하게 태어난다고 본다. 어머니가 아기의 부담을 덜어 준다고 판단하기 때문이다.

- ⊙ 주체괘가 객체괘를 제압하면 아기에게 주의가 필요하다. 주체괘가 객체괘를 제압하는 데다가 객체괘마저 쇠약하다면 아기

는 많이 조심해야 한다. 아기 기운이 쇠하기 때문인데 이 경우는 난산이다.

⊙ 객체괘가 주체괘를 제압하면 산모의 주의가 필요하다. 객체괘가 주체괘를 제압하는 데다가 주체괘마저 쇠약하다면 산모에게 많은 주의가 요망된다. 난산으로 판단할 수 있다.

⊙ 주체괘와 객체괘가 동일하면 모자의 기운이 같아서 출산이 순조롭다.

5. 소망, 명예, 취직

소망을 점단하는 경우에는 본인을 주체괘로 하고, 소망하는 일이나 계획, 명예, 취직 등을 객체괘로 해서 비교하고 판단한다.

- 주체괘가 객체괘로부터 기운을 받으면 무리하게 추진하지 않더라도 이루어진다. 또 그것에 의해 이익이 있다. 소망하는 일이 본인을 위해 유리하게 전개된다고 볼 수 있으나 다만 기회라고 생각되면 거기에 걸맞은 노력을 해야 한다.

- 주체괘가 객체괘에 기운을 빼앗기면 성취하기 어렵다. 오히려 손실이나 피해를 본다. 주체괘의 기운이 빠지기 때문이다.

- 객체괘가 주체괘를 제압하면 소망은 이루어지기 어렵다. 가령 성공한다고 해도 그 후에 손해가 있다고 본다. 그 일은 본인에게 좋지 않은 것이거나 실행에 옮겨서는 안 되는 일이다. 소망하는 일에 제압을 당하므로 당연한 이치다. 분수에 맞지 않는다고 보고, 또 지나친 욕심이라고 판단할 수 있다. 현직에 있는 사람이 객체괘에 의해 제압당하는 괘를 얻으면 직장에서 무슨 문제가 생기는 것으로 본다. 가볍게 제압당하면 충고나 경고

등으로 그치겠지만 심하게 제압을 당하면 파면이나 구조조정
도 예측할 수 있다.

⊙ 주체괘가 객체괘를 제압하면 소망을 이룰 수 있다. 다만 늦게 이
루어진다. 이루기 위해 노력하므로 에너지가 소모된다고 본다.

⊙ 주체괘와 객체괘가 동일하면 소망은 이루어진다. 기운이 같기
때문에 분수에 맞는 정도라면 이루어진다고 판단한다.

6. 금전, 재산

이 경우에는 본인을 주체괘로 하고, 금전이나 재운을 객체괘로 한다.

⊙ 주체괘가 객체괘로부터 기운을 받으면 금전이나 재산이 늘어
나는 기쁨이 있다. 재운이 있다는 의미다.

⊙ 주체괘가 객체괘에 기운을 빼앗기면 금전이나 재산상의 손실
이 있다. 주체괘의 기운이 빠지게 되므로 손실을 본다고 판단
한다.

⊙ 객체괘가 주체괘를 제압하면 재운은 들어오지 않는다. 금전이
나 재산의 기운이 본인의 기운을 해치기 때문이다.

⊙ 주체괘가 객체괘를 제압하면 재운이 들어온다. 다만 그 시기는
늦게 온다고 본다. 객체괘를 제압하기 위해 주체괘의 기운이
빠지기 때문이다.

⊙ 주체괘와 객체괘가 동일하면 재운이 들어온다. 자신과 같은 기
운이므로 재운이 들어오기 쉽다고 판단한다.

7. 상거래

⊙ 주체괘가 객체괘로부터 기운을 받으면 거래는 성사되고 반드시 많은 이익이 생긴다. 기운을 받는 것은 이익을 받는다는 의미이다.

⊙ 주체괘가 객체괘에 기운을 빼앗기면 매매는 성립하기 어렵다. 만약 성립한다면 손해를 보는 매매가 되거나 다음에 손해를 보게 된다. 주체괘가 객체괘에 기운을 빼앗긴다는 것은 기본적으로 손실을 본다는 것을 의미한다.

⊙ 주체괘가 객체괘를 제압하면 거래는 성립하지만 늦게 이루어진다. 일반적으로 주체괘가 객체괘를 제압하면 시기가 늦어진다고 보는 것은 자신의 기운을 소모하기 때문이다.

⊙ 객체괘가 주체괘를 제압하면 매매는 성립하지 않는다. 거래나 교역 같은 일에 능력이 못 미치기 때문이다.

⊙ 주체괘와 객체괘가 동일하면 거래는 이루어진다고 본다. 다만 같은 수준이므로 돈을 버는 것이 아니라 본전 수준으로 거래되는 경우도 있다.

8. 여행, 출장

여행을 점단할 경우에는 여행하는 사람을 주체괘로 하고, 여행 목적지 또는 여행의 목적을 객체괘로 본다. 일반적으로 여행이나 출장은 주체괘가 왕성한 것이 좋다. 또 주체괘가 진목(震木)이나 건금(乾金)일 때는 여행지에서 움직임이 많으면 좋으며, 곤토(坤土)나 간토(艮土)일 경우에는 움직이지 않는 것이 좋다. 주체괘나 객체괘에 태금(兌金)이나 감수(坎水)가 있는 경우에는 괘와 무관하게 구설수나 안 좋은 일에 말려드는 수가 있으니 조심해야 한다.

⊙ 주체괘가 객체괘로부터 기운을 받으면 여행이나 출장이 순조롭고, 의외의 금전이나 재운을 얻는 수가 있다.

⊙ 주체괘가 객체괘에 기운을 빼앗기면 여행이나 출장을 통해 불미스러운 일이나 손해가 생긴다.

⊙ 객체괘가 주체괘를 제압하면 여행, 출장을 가서는 안 된다. 여행지나 출장지에서 화를 당한다. 이것이 사고인지 재해인지 사건인지는 괘의 상의로 판단한다.

⊙ 주체괘가 객체괘를 제압하면 여행이나 출장을 통해 얻는 것이

많다.

⊙ 주체괘와 객체괘가 동일하면 여행이나 출장은 순조롭게 이루
어진다.

9. 가출, 조난

집 나간 사람의 귀가 여부에 대한 일이나 조난을 당한 사람의 안전 여부에 대한 점단을 말한다. 집에서 기다리고 있는 사람(본인)을 주체 괘로 보고, 집을 나간 사람을 객체괘로 본다.

- ⊙ 주체괘가 객체괘로부터 기운을 받으면 가출자나 조난자는 곧 돌아오거나 돌아오는 중이라고 본다.

- ⊙ 주체괘가 객체괘에 기운을 빼앗기면 가출자나 조난자는 아직 돌아올 시간이 아니다. 주체괘가 기다리다 기운이 빠졌다고 본다.

- ⊙ 객체괘가 주체괘를 제압하면 가출자나 조난자는 돌아오지 않는다. 기다리는 사람의 희망을 객체괘가 부수어 버린다고 본다.

- ⊙ 주체괘가 객체괘를 제압하면 가출자나 조난자가 집에 돌아오되 늦게 돌아온다고 본다.

- ⊙ 주체괘와 객체괘가 동일하면 가출자나 조난자는 머지않아 돌아온다. 기다리는 사람과 집 나간 사람의 마음이 같기 때문이다.

10. 만남

만남의 점단은 생각하는 사람에 따라 소망으로 볼 수 있으나 의미가 조금 다르다. 만남을 자신의 부탁이나 소망을 이루기 위한 수단이지 목적 그 자체로 볼 수 없는 것은 만남이 이루어졌다고 해서 반드시 소망이 이루어지거나 부탁이 받아들여지는 것이 아니기 때문이다. 만남을 점단하는 경우에는 만남을 희망하는 사람을 주체괘로 상대편을 객체괘로 한다.

⊙ 주체괘가 객체괘로부터 기운을 받으면 만남은 이루어지고, 또 목적 달성을 위해서도 만남은 도움이 된다.

⊙ 주체괘가 객체괘에 기운을 빼앗기면 만남은 어렵다. 만남이 이루어진다고 해도 아무 의미가 없다.

⊙ 객체괘가 주체괘를 제압하면 어떤 이유에서든지 만남은 이루어지지 않는다.

⊙ 주체괘가 객체괘를 제압하면 만남은 이루어진다. 목적하는 바도 얻을 수 있다.

⊙ 주체괘와 객체괘가 동일하면 만남은 즐겁게 이루어지지만, 유

익할지 아닌지는 속단하기 어렵다. 만남에 응하는 사람이 가벼운 마음으로 만나기 때문이다. 그 판단을 하려면 다시 카드를 뽑아야 한다.

11. 분실

잃어버린 물건을 점단할 때는 물건을 잃어버린 사람을 주체괘로 하고 잃어버린 물건을 객체괘로 한다.

- ⊙ 주체괘가 객체괘로부터 기운을 받으면 잃어버린 물건을 쉽게 찾을 수 있다.

- ⊙ 주체괘가 객체괘에 기운을 빼앗기면 찾기 어렵다. 분실이 곧 체의 손실이라고 이해하면 된다.

- ⊙ 객체괘가 주체괘를 제압하면 찾지 못할 것이다. 본인이 잃어버린 물건으로 인해 손해를 본다는 의미가 있기 때문이다.

- ⊙ 주체괘가 객체괘를 제압하면 잃어버린 물건을 찾지만, 찾기까지 시간이 걸린다.

- ⊙ 주체괘와 객체괘가 동일하면 잃어버린 것이 아니라 어떤 곳에 놓아둔 것을 잊어버렸거나 착각했다고 본다.

그리고 잃어버린 물건이 어디에 있는지에 대해서는 변한괘가 상징하는 쪽으로 판단한다. 잃어버린 물건이 그쪽으로 이동해 갔다고 보기 때문이다.

즉, 변한괘가 건금(乾金)이면 서북쪽에 있거나 공공장소, 누각, 금석(金石)의 옆, 둥근 그릇 속, 조금 높은 토지 등에 있다고 본다.

변한괘가 태금(兌金)이면 서쪽에 있거나 연못 부근, 허물어진 울타리나 담이 있는 곳, 사용하지 않는 우물, 망가진 연못 등에 있다고 본다.

변한괘가 이화(離火)이면 남쪽에 있거나 불이 있는 곳, 부엌, 창가, 책 종류나 서류가 있는 곳 등에 있다고 본다.

변한괘가 진목(震木)이면 동쪽에 있거나 산림 속, 풀 넝쿨 속, 종이나 북 등 소리 나는 물건의 옆, 시끄러운 곳, 큰 도로 등에 있다고 판단한다.

변한괘가 손목(巽木)이면 동남쪽에 있거나 산림 속, 절이나 교회 안, 채소밭이나 과수원, 차량이나 선박 속, 나무로 된 폐품 속 등에 있다고 본다.

변한괘가 감수(坎水)라면 북쪽에 있거나 물이 있는 곳, 바닷가, 호숫가, 계곡, 도랑이 있는 곳, 우물, 연못, 늪지대, 또는 식초나 술, 소금이 있는 곳 등에 있다고 본다.

변한괘가 간토(艮土)라면 동북쪽에 있거나 산림, 가까운 도로, 가까운 돌 옆, 흙 속이나 굴 등에 있다고 본다. 간괘를 문으로도 보므로 대문 안에 있다고 판단할 수 있다.

변한괘가 곤토(坤土)라면 서남쪽이나 논밭 등 들판 지역, 곡식 창고, 돈벌이하는 곳, 토굴, 도자기 속, 사각형 물건 속 등에 있다고 본다.

한편 물건을 찾는 시기는 변한괘에 해당하는 수의 때나 주체괘에 힘을 주는 괘에 해당하는 수의 때로 본다.

12. 질병

　질병을 점단하는 경우에는 환자를 주체괘로 하고, 질병이나 병의 증상을 객체괘로 한다. 질병 점단이므로 주체괘는 왕성한 것이 좋고 쇠약한 것은 좋지 않다. 환자 몸이 약하면 병 치유를 기대하기 어렵기 때문이다. 그리고 주체괘는 기운을 받으면 좋고 제압을 당하면 좋지 않다. 질병이 환자를 위해 기운을 주는 것이 좋다고 말하면 쉽게 이해할 수 없겠으나, 질병이 환자를 제압하면 좋지 않다는 말은 쉽게 이해할 것이다. 기운을 주는 것과 제압하는 것은 반대이므로 의미도 반대라고 생각하면 된다.

⊙ 주체괘가 객체괘로부터 기운을 받으면 병의 세력이 약해지고, 환자가 체력을 회복하기 시작하므로 질병은 차츰 낫는다. 약효도 빠르다.

⊙ 주체괘가 객체괘에 기운을 빼앗기면 몸이 질병에 힘을 실어주고 있는 셈이므로 질병은 오래 지속되며, 좋아지기 어렵다.

⊙ 객체괘가 주체괘를 제압하면 환자가 체력적으로 약해져 있어서 치료 효과를 볼 수 없다. 약을 복용해도 효과를 보기 어렵다.

⊙ 주체괘가 객체괘를 제압하면 환자가 질병을 극복할 수 있다. 적절한 치료를 받으면 걱정하지 않아도 회복된다.

⊙ 주체괘와 객체괘가 동일하면 가벼운 질병은 낫지만 무거운 질병은 낫는다고 단정하기 어렵다. 몸이 질병과 같다고 판단하기 때문이다.

질병의 경우에는 상호 관계만 비교할 것이 아니라 반드시 주체괘가 왕성한가, 아니면 쇠약한가를 감안해서 판단해야 한다.

설령 주체괘가 객체괘에 제압을 당하고 있다 할지라도 계절로부터 기운을 받거나 동일하다면 죽음 등 극단적인 일은 발생하지 않는다. 그러나 주체괘가 객체괘에 제압을 당하고 있는 데다가 몸도 계절적으로 쇠약해 있으면 생명이 위험하다고 판단한다.

한편 질병이 가볍게 되거나 병이 낫거나 증상이 심해져 사망하는 등 일이 실현되는 시기를 알려면 주체괘에 기운을 주는 괘나 제압하는 괘의 수를 보면 된다. 기운을 주는 괘의 수가 치료되는 시기이며, 제압하는 괘의 수가 사망하는 시기이다.

13. 소송

소송의 점단에서는 본인을 주체괘로 하고 상대방을 객체괘로 한다. 소송도 질병과 마찬가지로 주체괘가 왕성한지, 쇠약한지를 감안해야 한다. 소송이라는 것이 선악의 정도와는 별개로 상대방과의 치열한 기 싸움인 경우가 많기 때문이다. 소송에서 이기기 위해서는 주체괘가 왕성하고 객체괘는 쇠약한 것이 좋다.

⊙ 주체괘가 객체괘로부터 기운을 받으면 소송에서 유리하다. 소송에서 이겨 배상금이나 위로금 등 이익도 얻을 수 있다.

⊙ 주체괘가 객체괘에 기운을 빼앗기면 소송에서 불리하다. 재산상의 손해도 보게 된다.

⊙ 객체괘가 주체괘를 제압하면 본인이 진다.

⊙ 주체괘가 객체괘를 제압하면 본인이 이긴다.

⊙ 주체괘와 객체괘가 동일하면 소송은 원활하게 해결된다. 법원의 조정이나 다른 사람의 도움 등으로 말미암아 화해한다. 본인과 상대방의 마음이 같기 때문이다.

14. 신수, 운세

1년 신수나 운세 등과 같이 확실하게 알고 싶은 길흉, 또는 구체적인 목적 없이 단순하게 운이 좋을 것인가를 묻는 점단의 경우에는 괘나 효가 의미하는 것을 판단의 기초로 삼는다. 판단 요령은 '인생에 관한 일'과 마찬가지로 주체괘와 객체괘의 관계로 길흉을 판단한다.

⊙ 객체괘가 주체괘를 제압하는 것은 좋지 않다. 상담자에게 올해 나쁜 일이 생긴다는 의미다. 심한 경우에는 다른 사람으로 인해 궁지에 몰리게 된다.

⊙ 주체괘가 객체괘를 제압하는 경우에는 그해 운이 길하다. 생각대로 밀고 나가도 통할 수 있다. 자신의 에너지가 주위 환경을 제압하고 있으니 어려운 환경이라 할지라도 능히 극복해 나갈수 있다.

⊙ 주체괘가 객체괘로부터 기운을 받으면 그해 운이 좋다. 다소 실력이 부족하더라도 환경이나 주위 사람의 도움으로 원하는 바를 얻을 수 있다.

⊙ 주체괘가 객체괘에 기운을 빼앗기면 그해는 손해 볼 운이다.

본인이 주위 사람으로 인해 기운이 빠지는 상황으로, 본인의 일은 뒷전으로 밀리기 쉬운 해이다.

⊙ 주체괘와 객체괘가 동일하면 그해 하는 일이 순조롭거나 이익이 있다. 주위 사람도 마치 친구처럼 도와준다.

15. 기타

　이 밖의 점단 대부분은 앞에서 이야기한 것과 그 이치가 같다. 본인을 주체괘로 하고 상대방이나 대상이 되는 일을 객체괘로 해서 상호관계를 비교하고 판단하면 된다.

- ⊙ 주체괘가 객체괘로부터 기운을 받으면 기운이 더해지므로 길하거나 뜻하는 바가 이루어진다. 운이 좋다.

- ⊙ 주체괘가 객체괘에 기운을 빼앗기면 기운이 빠지므로 흉하거나 일이 성사되지 않는다. 운이 나쁘다.

- ⊙ 객체괘가 주체괘를 제압하면 본인에게 매우 흉하다. 타인이 본인의 기운을 누르는 상황이니 운이 좋을 수 없다.

- ⊙ 주체괘가 객체괘를 제압하면 본인에게 길하다. 상대방과의 싸움에서 이긴다는 것은 일이 이루어진다는 것을 의미하기 때문이다. 다만 본인의 기운도 소모되므로 상대방과의 한판 승부가 필요한 일에는 성사가 늦어지는 것으로 보아야 한다.

- ⊙ 주체괘와 객체괘가 동일하면 대체로 길하다고 판단한다.

▶ 사안별 판단표

점단	주체괘	객체괘	주체괘가 객체괘를 제압	객체괘가 주체괘를 제압	주체괘가 객체괘에 기운 뺏김	객체괘가 주체괘에 기운 줌	동일 관계
인생(신수)	본인	일생	길	흉	흉, 손실	길, 이익	길
주택	사는 사람	집	길사 많음	흉사 많음	손실, 도난	길, 이익	안온
결혼	자신	결혼	늦지만 길	불가, 손해	어려움, 손실	길, 좋음	길
출산	모친	아기	아기 흉	산모 흉	안산	안산	길
소망	본인	계획	늦게 됨	불가	어려움	길	길
명예	본인	명예	늦게 됨	안됨	불성	성사	됨
재운	본인	재	있음	없음	손실	이익	됨
상거래	본인	매매	늦게 됨	안됨	불성	성사	성사
여행	여행자	목적지	길, 성사	흉, 재난	흉, 손실	길, 이익	길
가출	기다리는 사람	가출자	늦게 돌아옴	돌아오지 않음	때가 아님	돌아오는 중	돌아옴
만남	희망자	상대방	가능	불가능	곤란, 무익	가능, 유익	길
분실	찾는 사람	물건	늦게 찾음	못 찾음	찾기 어려움	찾기 쉬움	잊어버린 것임
질병	환자	질환	가볍다	위험	치료 곤란	가볍다	가볍다
소송	본인	상대방	이김	짐	불리, 손해	승리, 유익	화해

제 4 장

상대방과의 관계에 대한 판단

인간 사회에서 일어나는 모든 일의 성사 여부는 상대방과의 관계에서 결정된다고 해도 과언이 아니다. 길흉 또한 그러하다. 인간사치고 상대방이 없는 경우는 거의 없기 때문이다. 혼자 하는 생각이나 고민도 그 내용을 파고 들어가 보면 다른 사람으로 인한 생각이나 고민이다. 어떤 일을 할 것인가, 말 것인가로 고민하는 일도 대부분은 상대방과의 관계로 인한 것이다.

특히 상거래나 혼사에 있어서 어떤 결정을 내려야 할 때 상대방의 입장을 안다면 자신의 의사 결정에 큰 도움이 되는 것은 물론이고 자신에게 유리하게 그 일을 전개해 나갈 수 있다.

1. 상대방의 마음 점단

태극타로에도 상대방의 마음을 판단하는 방법이 있으니, 여기서 그 방법을 살펴보기로 한다. 먼저 양효(陽爻)와 음효(陰爻)가 함께 있는 괘의 경우는 양효가 음효의 방향으로 움직인다고 본다. 즉, 진목(震木, ☳)과 태금(兌金, ☱)은 아래에서 위로 향한다고 보고, 반면에 손목(巽木, ☴)과 간토(艮土, ☶)는 위에서 아래로 향한다고 본다.

상대방과의 관계에 있어서는 서로 뜻이 같은 것이 좋지만, 모든 일이 반드시 그런 것은 아니다. 예를 들어 불륜의 경우 관계를 정리하려고 해도 풍택중부괘(䷼)가 나왔다면 서로 향하는 관계가 되므로 정리하기 어렵다는 판단이 나온다.

이와 같이 태극타로에서 뽑은 괘와 다른 방향으로 일이 이루어지기를 원한다면 자신이나 상대방 가운데 일방이나 쌍방이 그동안 취해온 입장이나 생각을 정반대로 바꾸어 행동해야 한다. 그렇게 하다 보면 손위풍괘(䷸)가 되기도 하고, 상대방도 그동안 감정을 정리한다면 택풍대과괘(䷛)가 되어 자연스레 그동안 느꼈던 감정이 멀어지게 된다.

그러나 자신이 아무리 상대방과 거래를 하고 싶거나 뜻을 같이하고자 해도 상대방이 그럴 마음이 없는 경우라면, 상대방의 마음을 움직일 수 있는 좋은 방안을 모색하는 수밖에 없다. 그리고 건괘(☰)나 곤괘(☷)나 이괘(☲)와 감괘(☵)는 움직이지 않고 가만히 있거나 움직인다고 해도 상하로는 움직이지 않는 괘로 본다. 따라서 판단의 근거로 삼을 수 없다.

이처럼 상대방과의 관계를 알기 위한 점단에서는 효 카드를 사용하지 않고 괘 카드만으로 판단하는데, 괘 카드는 본괘만을 사용한다. 본괘는 아랫괘를 주체괘로 하고, 윗괘를 상대괘로 본다. 주체괘는 본인, 상대괘는 상대방을 의미한다. 괘의 마음은 양(陽)이 있는 효에서 음(陰)이 있는 효의 방향으로 움직여 간다고 본다.

예를 들어 뇌택귀매괘(䷵)를 뽑았을 경우 뇌괘(☳)는 상대괘가 되고, 택괘(☱)는 주체괘가 된다. 그런데 상대괘 뇌괘는 음효가 위에 있으므로 상대방 마음이 내게서 떠나고 있는 형상이고, 반면에 주체괘 택괘는 내 마음이 상대방이 있는 위로 향하는 모습이다. 따라서 상대방 마음은 내게서 떠나 있는 반면, 내 마음은 상대방을 향하고 있다고 판단한다. 그리고 이 점단이 단순히 인간관계에 대한 것이라면 서로에 대한 호감 문제이며, 상거래 관계라면 가격 조건 등에 관한 문제로 판단하면 된다.

▶ 본인과 상대방의 뜻이 서로 통하는 경우

상대괘(상대방)	☶ ↓	☴ ↓	☴ ↓	☶ ↓
주체괘(본인)	☳ ↑	☱ ↑	☳ ↑	☱ ↑
괘	산뢰이	풍택중부	풍뢰익	산택손

▶ 상대방은 본인을 향하지만 본인은 마음이 없는 경우

상대괘(상대방)	☴ ↓	☴ ↓	☶ ↓	☶ ↓
주체괘(본인)	☶ ↓	☶ ↓	☶ ↓	☴ ↓
괘	손위풍	풍산점	간위산	산풍고

▶ 본인은 상대방을 향하지만 상대방은 마음이 없는 경우

상대괘(상대방)	☳ ↑	☳ ↑	☱ ↑	☱ ↑
주체괘(본인)	☳ ↑	☱ ↑	☱ ↑	☳ ↑
괘	진위뢰	뇌택귀매	태위택	택뢰수

▶ 본인과 상대방의 뜻이 서로 다른 경우

상대괘(상대방)	☱ ↑	☶ ↑	☳ ↑	☳ ↑
주체괘(본인)	☴ ↓	☱ ↓	☶ ↓	☴ ↓
괘	택풍대과	택산함	뇌산소과	뇌풍항

2. 본인과 상대방과의 관계

　본인과 상대방과의 관계에 대해서는 앞에서 설명한 바와 같이 본괘의 주체괘와 상대괘의 관계로만 판단한다. 그러면 그런 관계가 된 이유는 무엇일까? 그 이유에 대해서는 아래위의 중간괘를 합한 64괘의 의미로 판단할 수 있다. 중간괘는 앞에서 설명한 대로 태극타로의 오른쪽 상·하단에 그려져 있다.

　예를 들어 상대방과의 관계를 알기 위한 괘가 택화혁괘(䷰)라면, 중간괘는 천풍구괘(䷫)가 된다. 그런데 천풍구괘의 의미는 '뜻하지 않은 만남'이다. 따라서 약속을 했다면 상대방이 어기게 되는데, 그 이유는 뜻밖의 일이 생겼거나 뜻하지 않은 사람을 만났기 때문으로 풀이할 수 있다.

상대괘(상대방)	☱ ↑	☰
주체괘(본인)	☲	☴
괘	본괘(택화혁)	중간괘(천풍구)

　또 혼인 상대자와의 관계에 대해 태극타로를 뽑아 택뢰수괘(䷐)가 나왔다면, 본인은 상대방이 마음에 드는 반면 상대방은 본인에게 마음을 주지 않는 형상이라 혼인이 이루어지기 어렵다. 이럴 때 상대방의

마음을 돌리려면 어떻게 하면 될까를 고심할 경우에는 중간괘 풍산점
괘(䷴)의 의미를 풀이하면 된다. 풍산점괘는 조금씩 점차 나아가라는
의미가 있으므로 조급하게 추진하지 말고 차근차근 마음을 바꾸어 나
가야 한다고 풀이하면 된다.

괘	본괘(택뢰수)	중간괘(풍산점)
주체괘(본인)	䷒ ↑	䷲
상대괘(상대방)	䷒ ↑	䷲

3. 상대방과의 입장

　본괘의 윗괘와 아랫괘를 각각 상대방(상대괘)과 본인(주체괘)으로 분리하여 판단하는 방법에 대해 살펴보았는데, 본인과 상대방의 입장을 비교하는 방법도 있다. 즉, 카드를 뽑아 똑바로 보이는 본괘를 자신의 입장으로 하고, 상대방의 입장은 본괘를 180도 회전해서 나타나는 괘로 보는 방법이다.

　다시 말하면 본괘를 자신의 괘로 하고, 본괘를 거꾸로 바라본 괘를 상대방 괘로 하여, 각각 그 괘가 상징하는 의미로 자신과 상대편의 입장을 유추해 내는 것이다.

　예를 들어 상대방과의 입장을 비교하기 위해 태극타로를 뽑았을 때 산수몽괘(䷃)가 나왔다면 내 입장은 산수몽괘가 되고, 상대방은 산수몽괘를 180도 회전한(산수몽괘를 거꾸로 바라봄) 수뢰둔괘(䷂)가 된다. 그런데 산수몽괘는 '어려움에서 막 벗어난 모습'을 상징하며, 수뢰둔괘는 '어려움 속에서 벗어나기 위해 노력하는 모습'을 의미한다. 따라서 현재 자신은 상대방보다 나은 입장에 있다고 볼 수 있다.

　또 태극타로를 뽑았을 때 풍뢰익괘(䷩)가 나왔다면 상대방의 입장은 산택손괘(䷨)가 된다. 그러면 나는 이익이 되는 상황인 반면 상대방은 손해가 된다는 판단이 나온다.

또 태극타로를 뽑아 수산건괘(䷄)가 나왔다면 상대방은 뇌수해괘(䷧)가 되니, 나는 나아갈 수 없는 상황인 반면 상대방은 어려움이 풀리는 상황이 된다.

그러나 모든 괘가 위에서 든 예처럼 상대방과 입장이 상반되는 것은 아니다. 건괘, 곤괘, 감괘, 이괘는 회전해도 같은 8괘가 된다. 특히 건위천, 곤위지, 감위수, 이위화, 산뢰이, 택풍대과, 풍택중부, 뇌산소과는 180도 회전해도 윗괘와 아랫괘는 변화가 없다. 회전하면 다르게 되는 괘는 56개가 있고, 그에 대한 주체괘와 상대괘는 다음과 같다.

▶ 주체괘별 상대괘

상대괘 ↓	천풍구	천화동인	천산둔	천택리	천수송	천뢰무망	천지부	손위풍	풍화가인	풍산점
괘상										
주체괘	택천쾌	화천대유	뇌천대장	풍천소축	수천수	산천대축	지천태	태위택	화택규	뇌택귀매

상대괘 ↓	풍수환	풍뢰익	풍지관	화풍정	화수미제	화뢰서합	화지진	산풍고	간위산	산수몽
괘상										
주체괘	수택절	산택손	지택림	택화혁	수화기제	산화비	지화명이	택뢰수	진위뢰	수뢰둔

상대괘 ↓	산지박	택산함	택수곤	택지췌	수산건	수지비	지산겸	화산려
괘상								
주체괘	지뢰복	뇌풍항	수풍정	지풍승	뇌수해	지수사	뇌지예	뇌화풍

4. 생각이나 마음을 바꿀 경우

태극타로를 뽑아 어떤 사안에 대한 점단이 나왔을 때, 자신이나 상대방이 마음을 바꿀 경우에는 어떻게 될 것인가가 궁금해진다. 이런 경우에는 뽑은 카드의 본괘에서 윗괘나 아랫괘, 혹은 두 괘의 음양을 바꿔 만든 괘의 의미를 보고 판단한다.

예를 들어 자신이 살고 있거나 영업하고 있는 점포에 대해 점단해서 손위풍괘(☴)를 뽑았다고 하자. 손위풍괘는 바람이 부는 형상으로 안정되지 않는다는 의미를 나타내고 있다. 그렇다면 이사나 이전을 한다면 어떻게 될까. 이 경우에는 본인의 입장을 바꾸는 것이므로 아랫괘 손괘(☴)의 음양을 바꾸면 진괘(☳)가 되어 전체적으로 풍뢰익괘(☴☳)가 되며, 이익이 있다는 의미가 되므로 이사나 이전을 하는 것이 좋다는 결론이 나온다.

만약 자신의 의지와 관계없는 소송 등의 경우에는 윗괘의 음양을 바꿔 새로운 괘를 만든 다음, 그 괘의 의미를 풀이하면 상대방의 생각이나 마음이 바뀌었을 때 전개될 양상을 짐작할 수 있다.

한편 상대방이 마음을 바꾸었을 때 자신도 마음을 바꿀 용의가 있는 경우 전개될 상황을 알아보기 위해서는 윗괘와 아랫괘를 차례로 바꾸어 보고, 그 괘의 의미를 음미해 보면 된다.

그리고 내가 입장을 바꾸면 상대방이 어떻게 나올까 하는 점을 알고 싶을 때는 먼저 본괘의 아랫괘 음양을 바꾸어 괘의 의미를 풀어본다음, 윗괘까지 바꾸어서 그 의미를 풀어보면 된다.

본괘	본인이 마음을 바뀌었을 경우	상대방이 마음을 바뀌었을 경우	본인과 상대방 마음 모두 바꾸었을 경우
☴☴	☴☳	☳☴	☳☳
손위풍	풍뢰익	뇌풍항	진위뢰

제 5 장
8괘별 의미

1. 건괘(乾卦, ☰)

| 계절별 운세 |

건괘의 오행은 금(金)이므로 건금(乾金)이라고도 한다. 건괘의 계절 가을이 가장 좋고, 건괘에 기운을 주는 토(土) 오행의 계절 환절기와 제압하는 목(木) 오행의 계절 봄도 길하다. 그러나 건괘의 기운을 빼는 수(水)의 계절 겨울은 좋지 않다. 건괘를 제압하는 화(火)의 계절 여름은 매우 흉하다. 가택점이나 혼인점, 출산점, 사업점, 재수점, 소송점, 질병점 등 대부분은 이와 같이 점단한다.

| 방위별 운세 |

건괘의 방위는 서북쪽이므로 일을 도모하거나 이사하는 방위, 여행 방위 등은 서북쪽이 길하다. 분묘도 서북향이 좋다.

| 상징물 |

⊙ 상: 하늘.

⊙ 수: 1, 9.

⊙ 의미: 환하게 밝음, 창조함, 의젓하고 엄숙함, 모난 데 없이 원만함, 높고 귀함, 값이 비쌈, 사리사욕이 없음, 물건값이 크게 오

름, 가장 뛰어남, 침공하여 남의 나라를 빼앗음, 태도가 방자함, 충실, 완료, 종말, 수확, 완벽, 충만, 강건, 고귀, 크게 밝음, 창시, 위엄, 순수, 장성, 매진, 향상, 정확, 관대, 큰 그릇, 운전, 지덕(至德), 우승, 결단, 강폭, 방만, 정직, 명예, 권위, 법률, 재판, 전쟁, 고급, 재산, 전성, 만년, 견고, 존경, 숭배, 고귀, 정치, 빛, 규범, 정상(頂上), 진실, 활동, 넓고 큼, 곧음, 격함, 강함.

⊙ 하늘: 쾌청, 한랭, 맑음, 한파, 눈 내림, 얼음.

⊙ 땅: 대도시, 명승지, 높은 지형.

⊙ 방위: 서북.

⊙ 때: 늦가을, 초겨울, 음력 술(戌)·해(亥) 연월일시, 오행 금(金) 관련 연월일시, 끝수가 1, 9인 월일, 금요일.

⊙ 사람: 군주, 대통령, 수상, 장관, 사장, 아버지, 남편, 군인, 노인, 큰 인물, 어른, 유명인, 고위 관리, 군자, 부호, 두목, 자본가, 모든 장(長), 욕심 많은 사람.

⊙ 신체: 머리, 뼈, 폐, 정수리, 광대뼈, 여위거나 뼈가 드러나 보이는 체질.

⊙ 성격: 용감함, 결단성, 불굴, 활동성, 정직, 성실, 완고함.

⊙ 명예·취업·소망·시험·사업 등: 관공서 관련된 일, 움직이는 일을 의미, 가을 점은 길, 여름 점은 흉함, 겨울 점은 많이 도모해서 적게 이룬다.

⊙ 직업: 사장, 관리, 군인 등 장(長)의 의미, 자동차 관련, 항공 관련(딱딱하고 큰 금속이라는 의미), 시계, 귀금속, 보석, 유리, 거울 관련업, 양모, 피혁, 견직물, 진주 등 판매와 제조업(고가품이란 의미),

법률가, 증권 및 보험 관련업, 경비, 역학자, 모든 기계의 운전사 등(권위의 의미).

⊙ 혼인: 고위직 공무원, 명망 있는 집안과의 혼인.

⊙ 출산: 아들.

⊙ 매매: 금과 옥 등 귀한 물건.

⊙ 식품: 쌀, 보리, 콩 등 곡물, 밤, 과실, 얼음, 딱딱한 것, 고급 요리, 진미.

⊙ 동식물: 말, 사자, 코끼리, 용, 호랑이, 봉황, 고가의 약초, 가을에 피는 꽃, 과수.

⊙ 물품: 금은, 옥, 보물, 반지, 목걸이, 관(冠), 거울, 둥근 것, 쌀, 공, 나무 열매, 단단한 것, 모자, 귀중한 것, 도검(刀劍), 상등품, 기차, 전차, 자동차, 비행기, 총포탄, 재봉틀 등 쇠로 만든 것, 증권, 수표.

⊙ 건물: 공관, 누각, 높은 집, 큰 집, 역사(驛舍), 서북향 집, 관청, 절, 성곽, 교회, 학교, 박물관, 경기장, 명승고적.

⊙ 질환: 머리(두통, 어지러움 등), 폐, 뼈 관련 질환, 고열, 고민, 식욕 부진, 부종, 팽창, 여름 점이면 편안하지 않고, 가을 점이면 이겨 낸다.

⊙ 성씨: 김(金) 씨나 성씨의 획수가 1, 9인 사람.

⊙ 색: 짙은 적색, 흰색.

⊙ 맛: 맵고 아린 맛.

2. 태괘(兌卦, ☱)

| 계절별 운세 |

태괘의 오행은 건괘와 마찬가지로 금(金)이므로 태금(兌金)이라고
도 한다. 태괘의 계절 가을이 가장 좋고, 태괘에 기운을 주는 토(土) 오
행의 계절 환절기와 태괘가 제압하는 목(木) 오행의 계절 봄도 길하다.
그러나 태괘의 기운을 빼는 수(水)의 계절 겨울은 좋지 않다. 태괘를
제압하는 화(火)의 계절 여름은 매우 흉하다.

가택점이나 혼인점, 출산점, 사업점, 재수점, 소송점, 질병점 등 대
부분은 이와 같이 점단한다. 그리고 태괘의 성격에는 훼손이나 손상의
의미가 내포되어 있으므로 매사에 보수적으로 생각해야 하며 행동에
도 조심해야 한다.

| 방위별 운세 |

태괘의 방위는 서쪽이므로 일을 도모하거나 이사하는 방위, 여행
방위 등은 서쪽이 길하다. 분묘도 서향이 좋다.

| 상징물 |

⦿ 상: 연못.

⊙ 수: 2, 4.

⊙ 의미: 성질이 부드러움, 서로 사이가 좋고 사랑함, 오락, 온화하고 순함, 두터운 정, 희열, 환희, 웃음, 즐거움, 재미있게 노는 일, 자기 이익만 차림, 구설, 사기, 비방, 변명, 유혹, 여인들의 다툼 등 입으로 인한 손실, 음식, 손상, 말을 잘하는 것, 웅변, 설명, 강습, 담소, 어떤 일을 논의함, 사교, 사치, 편취, 뇌물을 줌, 이자, 겉으로만 착한 체함, 재산이 흩어짐, 중도 좌절, 색정, 여자로 인한 재난, 혜택, 대결, 취미, 너그럽지 못한 도량, 화려함, 식사, 노래하다, 한탄하다, 호흡하다, 단란한 가족, 무용, 도검 등 칼 종류, 수술, 겉치레 말, 아양 떨다, 중상(中傷).

⊙ 하늘: 눈, 비, 이슬, 가랑비, 달, 초승달, 별, 비 온 뒤 흐림, 황혼, 서풍, 가을 하늘.

⊙ 땅: 연못, 물가, 둑, 저수지, 우물, 샘, 구멍, 붕괴하거나 폐허가 된 곳, 환락가, 음식점, 강연장, 강당, 결혼식장, 유흥장, 사교 관련 장소, 양계장.

⊙ 방위: 서쪽.

⊙ 때: 가을, 음력 유(酉) 연월일시, 오행 금(金) 관련 연월일시, 끝수가 2, 4의 월일, 금요일.

⊙ 사람: 소녀, 무녀, 첩, 기생, 여자 가수, 통역관, 선생님, 중개인 등 입으로 하는 직업, 기가 약한 사람, 강연자, 불량소녀, 신체장애인.

⊙ 성격: 즐거워하며 말을 많이 함, 구설수가 많음.

⊙ 신체: 혀, 입, 폐, 뺨, 요(凹)의 의미에서 방광, 여성 성기.

- ⊙ **성격**: 즐거워함, 말하는 것과 먹는 것을 좋아함, 도량이 좁음, 비열함, 냉혹함, 이기적, 위선.
- ⊙ **명예·취업·소망·시험·사업 등**: 재판관, 사법관, 경찰, 군인 등 무관직.
- ⊙ **직업**: 강연자, 식품업, 음식점, 요릿집, 찻집, 변호사, 치과 의사, 핸드백 등 가방 관련 업종(입이라는 의미), 전당포, 은행 등 금융기관(현금의 의미), 외과 의사, 칼과 관련 있는 직종(칼의 의미), 화류계, 예능계 관련 직종(사교의 의미).
- ⊙ **혼인**: 나이 어린 여성, 막내딸.
- ⊙ **출산**: 딸.
- ⊙ **매매**: 구설, 송사.
- ⊙ **식품**: 닭고기, 새 구이, 계란.
- ⊙ **동식물**: 양, 원숭이, 물새, 가을에 피는 꽃 일체, 물가에 피는 꽃 일체.
- ⊙ **물품**: 금속, 칼, 포크, 악기, 부채, 폐물, 종이와 필기구, 깨어진 그릇, 연못 속의 물건, 주둥이가 있는 그릇, 의료 기기, 기구, 공구, 냄비, 솥 등 요(凹)의 의미가 있는 것.
- ⊙ **건물**: 물에 가까운 건물, 폐가, 담이나 벽이나 문이 훼손된 건물, 서향집.
- ⊙ **질환**: 혀나 입 질병, 목의 질병, 천식, 음식으로 인한 병, 가슴 질환, 폐병, 혈행 불순, 월경불순, 대소변 불통, 성병, 신경쇠약, 생리 이상, 베인 상처, 타박상.
- ⊙ **성씨**: 김(金)의 성씨, 성씨의 획수가 2, 4인 사람.

⊙ 색: 흰색.

⊙ 맛: 매운맛.

3. 이괘(離卦, ☲)

| 계절별 운세 |

이괘의 오행은 화(火)이므로 이화(離火)라고도 한다. 이괘의 계절
여름이 가장 좋고, 이괘에 기운을 주는 목(木) 오행의 계절 봄과 이괘
가 제압하는 금(金) 오행의 계절 가을도 길하다. 그러나 이괘의 기운을
빼는 토(土) 오행의 계절 환절기는 좋지 않다. 이괘를 제압하는 수(水)
오행의 계절 겨울은 매우 좋지 않다. 가택점이나 혼인점, 출산점, 사
업점, 재수점, 소송점, 질병점 등 대부분은 이와 같이 점단한다. 단, 화
(火) 오행의 성격처럼 이괘는 하는 일이 흩어지기 쉬우므로 차분하게
추진하는 것이 좋으며, 화재에도 각별히 주의해야 한다.

| 방위별 운세 |

이괘의 방위는 남쪽이므로 일을 도모하거나 이사하는 방위, 여행
방위 등은 남쪽이 길하다. 분묘도 남향이 좋다.

| 상징물 |

⊙ 상: 불, 태양.

⊙ 수: 3, 2, 7.

⊙ 의미: 아름답고 고움, 뚜렷이 드러남, 치장하거나 꾸미는 일, 없던 것을 처음으로 만들어 냄, 정신적·물질적 생활이 풍부함, 신(神), 최고, 상류 계급, 정치, 지식, 학문, 교육, 밝음, 지혜, 지능, 총명, 명예, 문명, 미려, 전성, 예의범절, 이행, 부착, 조명, 의혹, 성급함, 열, 빛, 빛남, 화재, 건조, 이동, 유행, 달라붙음, 헤어짐, 이산, 분열, 절단, 수술, 두 마음, 망설임, 변덕, 갈라지다, 분쟁, 전쟁, 대립, 싸움, 화냄, 시력, 관찰, 감식, 영전, 축제, 결혼식, 축사, 도박, 진찰, 독서, 측량, 흥행, 출반, 재판, 판결.

⊙ 하늘: 해, 무지개, 맑음, 여름철의 한발, 따뜻한 날, 무더위.

⊙ 땅: 더운 곳, 뜨거운 곳, 볕이 드는 곳, 도요지, 용광로, 화로, 관청, 파출소, 소방서, 의사당, 백화점, 영화관 등 번화한 곳, 학교, 도서관 등 서적이 있는 곳, 학문의 장소, 교회, 기도원, 사원 등 종교 관련 장소, 선거 장소, 연회장, 분화구, 부뚜막, 화로 등 불이 있는 곳, 등불.

⊙ 방위: 남쪽.

⊙ 때: 여름, 음력 오(午) 연월일시, 오행 화(火) 관련 연월일시, 끝수가 3, 2, 7인 월일, 화요일.

⊙ 사람: 주군(主君), 지혜로운 자, 미인, 중년 여성, 의사, 감정사, 명예직, 참모, 고문, 이사, 심판, 재판관, 감독, 간수, 시험관, 미용사, 안과 의사, 관리, 미망인, 방화범, 바람둥이, 정장한 사람, 쌍둥이, 둘째 딸, 배가 큰 사람, 눈이 아픈 사람, 문인, 학자, 예술가, 군인.

⊙ 신체: 눈, 심장, 배, 소장, 피, 마음, 뇌, 귀(빨간색과 속이 비었다는

의미).

⊙ **성격:** 성격이 밝음, 총명, 학문에 소질, 일을 분명하게 처리, 글, 그림, 학문에 소질, 허심탄회, 근심하고 의심함, 떠벌림, 성미가 급함.

⊙ **명예·취업·소망·시험·사업 등:** 남쪽 직장, 문서를 처리하는 사무직.

⊙ **직업:** 증권업, 서적업, 출판업, 문구업, 광고 선전업, 이발사, 미용사, 화장품 관련, 병원 및 의료 관련, 미술 관련, 안과 의사, 재판관, 신문기자, 목사 등.

⊙ **혼인:** 중년 여성, 둘째 딸.

⊙ **출산:** 딸.

⊙ **매매:** 문서.

⊙ **식품:** 김, 건어물, 말고기, 조개류, 양주.

⊙ **동식물:** 자라, 게, 소라, 조개, 거북, 새우, 달팽이, 벌, 꿩, 비조(飛鳥), 반딧불이, 아름다운 새 종류, 아름다운 꽃, 빨간색을 띤 식물, 속이 빈 나무, 마른 나무, 금붕어.

⊙ **물품:** 불, 건조한 물건, 문서, 서적, 증권, 증서, 공채 등 유가증권, 편지, 추천장, 계약서 등 문서, 표찰, 지폐, 훈장, 인장, 문장, 문구, 시가(詩歌), 속이 빈 나무, 가지가 마른 나무(고목), 꽃나무, 갑옷, 투구 등 밖은 딱딱하고 속은 부드러운 물건, 찬합, 대바구니, 병풍, 장막, 발 등 물건을 가리는 데 쓰는 물건, 뜻밖에 생기는 재물, 총포, 대장간, 전쟁, 수렵, 텔레비전, 안경, 전등, 램프 등 빛과 관련된 것, 말린 것.

⊙ 건물: 창이 밝은 집, 양지바른 집, 남향집, 빈집, 크고 화려한 건물, 중앙의 궁전, 처마, 부엌.

⊙ 질환: 눈병, 색맹, 근시, 심장병, 열이 나는 병, 정신병, 고열, 올라옴, 화상, 시력 쇠약, 정신 과로, 불면증, 불식, 변비, 뇌일혈, 일사병, 고혈압.

⊙ 성씨: 화(火) 변의 성씨나 획수가 3, 2, 7인 성씨.

⊙ 색: 적색, 홍색, 자색 등 붉은색 계통.

⊙ 맛: 쓴맛.

4. 진괘(震卦, ☳)

| 계절별 운세 |

진괘의 오행은 목(木)이므로 진목(震木)이라고도 한다. 진괘의 계절 봄이 가장 좋고, 진괘에 기운을 주는 수(水) 오행의 계절 겨울과 진괘가 제압하는 토(土) 오행의 계절 환절기도 길하다. 그러나 진괘의 기운을 빼는 화(火) 오행의 계절 여름은 좋지 않다. 진괘를 제압하는 금(金) 오행의 계절 가을은 매우 좋지 않다. 가택점이나 혼인점, 출산점, 사업점, 재수점, 소송점, 질병점 등 대부분은 이와 같이 점단한다. 진괘의 뜻이 놀랄 일이므로 나쁜 일로 인해 놀라는 일이 없도록 평소에 유의해야 한다.

| 방위별 운세 |

진괘의 방위는 동쪽이므로 일을 도모하거나 이사하는 방위, 여행 방위 등은 동쪽이 길하다. 분묘도 동향이 좋다.

| 상징물 |

⊙ 상: 우레.

⊙ 수: 4, 3.

⊙ 의미: 결기를 뽐냄, 생기가 발랄함, 목적을 달성함, 속도를 이루는 기운, 재주와 능력, 분하여 몹시 화를 냄, 소리를 냄, 마음이 급함, 성급한 행동, 저돌적, 활동적, 넓게 퍼지는 것, 되살아남, 씩씩하고 활기에 참, 번성함, 많이 움직임, 이름은 있으나 실체가 없음, 떨치고 움직임, 진동, 크게 놀람, 흥분, 용감함, 활발함, 성공, 속력, 재능, 결단, 분노, 발성, 조급, 경악, 소리는 있으나 형체가 없는 상태, 언어, 변론, 거짓말, 평판, 음악, 발표, 강연, 독경, 응답, 전언, 명령, 통지, 심문, 담판, 쟁론, 사기, 진행, 향상, 성장, 발견, 발아, 오르다, 성대, 발명, 지진, 화재, 이동, 전기(電氣).

⊙ 하늘: 우레, 번개, 뜬구름, 돌풍, 지진, 지진을 동반한 분화.

⊙ 땅: 시끄럽고 번잡한 시장, 소리가 나는 장소, 연주 장소, 강연 장소, 음악당, 방송국, 전화국, 발전소, 전장, 숲, 정원, 논밭, 청과물 시장, 큰길, 초목이 무성한 곳, 주택가, 사람이 드나드는 곳, 동쪽.

⊙ 방위: 동쪽.

⊙ 때: 봄, 음력 묘(卯) 연월일시, 오행의 목(木) 관련 연월일시, 끝수가 4, 3인 월일, 목요일.

⊙ 사람: 장남, 황태자, 청년, 저명한 사람, 매우 놀란 사람, 상인, 물건 만드는 사람, 현인, 제주(祭主).

⊙ 신체: 발, 간, 목(발성기관), 왼손, 엄지손가락, 모발.

⊙ 성격: 활동적, 잘 노하거나 잘 놀람, 결단성, 굳음, 편중, 위엄, 조급, 시작에 강함.

⊙ **명예·취업·소망·시험·사업 등**: 큰소리치는 직업, 집행관, 교도

관, 세무 공무원, 큰 시장의 상품 담당자, 움직여서 뜻이나 재물을 구함.

⊙ 직업: 악기 관련 직종, 아나운서 등 성대를 사용하는 직종, 가수, 음악가, 전기 관계 직종, 음반 관계 직종, 컴퓨터 관계 직종, 생사 관련 직종 등 괘상을 연상하는 직종.

⊙ 혼인: 명성 있는 집, 장남, 관료, 기술자, 용모가 수려한 여성, 마음이 쉽게 움직이는 여성.

⊙ 출산: 장남, 놀랄 일.

⊙ 매매: 나무 제품, 식품.

⊙ 식품: 초밥, 식초를 사용한 음식, 신맛과 관계있는 음식, 해초.

⊙ 동식물: 나는 것, 달리는 것, 용, 뱀, 말, 지저귀는 새 일체, 풀벌레 일체, 채소, 분재, 식물, 초목, 해초, 대나무, 꽃, 새싹.

⊙ 물품: 나무, 대나무, 갈대, 북 등 악기 일체, 화초, 그릇 등 나무로 만든 물건, 신선한 채소, 치마, 과실, 전기, 불꽃, 다이너마이트, 권총, 대포, 화약, 폭발물, 급행열차.

⊙ 건물: 산속에 있는 집, 동쪽에 있는 건물, 살림집.

⊙ 질환: 발 질환, 놀램, 기가 아래에 적체됨, 사지가 권태롭고 피곤함, 정신이상, 공포증, 발광, 경련, 기침, 결핵, 간장 질환, 각기병, 간질, 역상(逆上), 신경통, 타박상.

⊙ 성씨: 목(木) 변의 성씨나 획수가 4, 3인 성씨.

⊙ 색: 푸른색, 초록색.

⊙ 맛: 신맛.

5. 손괘(巽卦, ☴)

| 계절별 운세 |

손괘의 오행은 진괘와 같은 목(木)이므로 손목(巽木)이라고도 한다. 손괘의 계절 봄이 가장 좋고, 손괘에 기운을 주는 수(水) 오행의 계절 겨울과 손괘가 제압하는 토(土) 오행의 계절 환절기도 길하다. 그러나 손괘의 기운을 빼는 화(火) 오행의 계절 여름은 좋지 않다. 손괘를 제압하는 금(金) 오행의 계절 가을은 매우 좋지 않다. 가택점이나 혼인점, 출산점, 사업점, 재수점, 소송점, 질병점 등 대부분은 이와 같이 점단한다. 손괘에는 3배의 이익을 남긴다는 뜻이 있으므로 이익을 내는 일에는 좋지만, 바람처럼 흔들린다는 뜻도 있으므로 감언이설에 휘둘리는 일이 없도록 유의해야 한다.

| 방위별 운세 |

손괘의 방위는 동남쪽이므로 일을 도모하거나 이사하는 방위, 여행 방위 등은 동남쪽이 길하다. 분묘도 동남향이 좋다.

| 상징물 |

⊙ 상: 바람.

⊙ 수: 5, 8.

⊙ 의미: 나가고 들어옴, 유익하고 도움이 됨, 결정이나 단정을 못
내림, 한창 잘되어 성함, 바람, 공기, 여행, 활동, 성장, 다망, 외
교, 혼담, 고용, 취직, 진퇴, 왕래, 외출, 방황, 왕복, 거래, 영업,
스며듦, 남에게 의지함, 윗사람이 내리는 명령, 예로부터 내려오
는 습관, 남에게 잘 보이기 위해 비위를 맞추고 알랑거림, 욕심
많음, 동정심과 인정이 적음, 남녀가 서로 연모하는 사랑, 여러
사람의 모임, 경솔한 행동, 도망쳐서 달아남, 남에게 의뢰함, 신
용, 번창, 번영, 정리 정돈, 해산, 반복, 쇠퇴, 청결, 의뢰, 진퇴가
어려움, 야함, 파고 들어감, 세 배의 이익을 남김, 일을 잘 꾀함,
널리 살핌, 순종하고 따름, 공손하게 복종함, 가볍게 움직임, 소
문, 풍문, 멀다, 오랜 기간, 늦다.

⊙ 하늘: 바람, 구름은 많지만 비가 내리지 않음, 태풍, 눈보라.

⊙ 땅: 산림, 초목이 많은 곳, 꽃, 과일, 채소 농원, 숲이나 정원, 동
산, 동남쪽.

⊙ 방위: 동남쪽.

⊙ 때: 늦봄과 초여름 사이, 음력 진(辰)과 사(巳)의 연월일시, 오행
의 목(木) 관련 연월일시, 끝수가 5, 8인 월일, 목요일.

⊙ 사람: 맏딸, 이마가 넓은 사람, 털이 적은 사람, 수도하는 사람,
여성 관료, 기술을 가진 여성, 수재(秀才), 승려, 눈에 흰자위가
많은 사람, 중개자, 상인, 여행자, 교통경찰, 운수 관련자, 산속에
사는 사람, 미망인, 선인, 정서 불안자.

⊙ 신체: 허벅지, 담, 털, 신경, 기관지, 식도, 혈관(특히 동맥), 근육,

호흡기 막.

⊙ **성격**: 유순함, 부드럽고 화합, 과단성이나 일관성 없음, 이익에 밝음, 어렵게 헤쳐 나감, 울면서 호소함, 결단을 못 함, 욕심이 많음, 박정함.

⊙ **명예·취업·소망·시험·사업 등**: 관리직, 세무직, 위풍당당한 일.

⊙ **직업**: 종이 및 나무와 관련된 직종 일체, 섬유업, 펄프, 목재상, 목수, 무역업, 상사, 운수 관련 직종 일체, 신탁업, 우체국, 통신판매, 세일즈맨 등 왕복, 신용 관련 직종 일체.

⊙ **혼인**: 장녀의 혼인, 가문이 좋은 집, 혼인을 추진했다가 중단.

⊙ **출산**: 딸.

⊙ **매매**: 3배가량 이익, 산에서 나는 물건.

⊙ **식품**: 국수, 우동, 메밀, 스파게티, 파, 채소.

⊙ **동식물**: 뱀, 지렁이, 뱀장어, 잠자리, 기린, 학, 나비, 닭, 새, 나는 것이나 달리는 것, 버드나무, 소나무, 밤나무, 수세미 등 덩굴식물.

⊙ **물품**: 나무, 바람, 밧줄, 실, 전선, 전신주, 연필, 성냥, 노끈, 국수, 향 등 긴 물건, 배, 풀로 만든 물건, 나무 제품 전반, 현악기, 차, 포대, 자루, 초목, 화원, 채소, 버드나무, 노을, 물고기, 과실, 막(膜), 옷, 선풍기, 에어컨, 부채 등 바람의 의미가 있는 것, 어떤 것을 덮고 있는 얇은 껍질.

⊙ **건물**: 절, 산속에 있는 집.

⊙ **질환**: 중풍, 기맥불순, 무릎 병, 우울증, 호흡기 질환, 감기, 독감, 신경통, 담석, 천식, 장 관련 질환 일체, 엉덩이 부위 질환, 병 상태가 더했다가 덜했다 함.

⊙ 성씨: 목(木) 변의 성씨나 획수가 5, 8인 성씨.

⊙ 색: 하늘색, 청록색, 순백색.

⊙ 맛: 신맛, 향기, 나쁜 냄새.

6. 감괘(坎卦, ☵)

| 계절별 운세 |

감괘의 오행은 수(水)이므로 감수(坎水)라고도 한다. 감괘의 계절 겨울이 가장 좋고, 감괘에 기운을 주는 금(金) 오행의 계절 가을과 감괘가 제압하는 화(火) 오행의 계절 여름도 길하다. 그러나 감괘의 기운을 빼는 목(木) 오행의 계절 봄은 좋지 않다. 감괘를 제압하는 토(土) 오행의 계절 환절기는 매우 좋지 않다. 가택점이나 혼인점, 출산점, 사업점, 재수점, 소송점, 질병점 등 대부분은 이와 같이 점단한다. 감괘에는 함정에 빠진다는 뜻이 있으므로 어려움에 빠지는 일이 없도록 매사에 조심해야 한다.

| 방위별 운세 |

감괘의 방위는 북쪽이므로 일을 도모하거나 이사하는 방위, 여행 방위 등은 북쪽이 길하다. 분묘도 북향이 좋다.

| 상징물 |

◉ 상: 물.

◉ 수: 6, 1.

⊙ 의미: 숨는 것, 깊이 감추어 둠, 희미하여 분명하지 못함, 쓸쓸하고 고요함, 참고 견딤, 슬기로운 생각, 막힌 기운 없이 훤히 통함, 험함, 빠짐, 대단한 괴로움, 어려움, 궁함, 간사한 꾀가 많음, 근심, 침투, 침몰, 입욕, 수영, 녹는 것, 흐르는 것, 우는 것, 흐름, 젖음, 구멍, 오목함, 아래, 방탕, 정교(情交), 사통, 불륜, 색정, 다정, 실연, 한탄, 고민, 음사, 비밀, 형벌, 냉담, 패배, 하층 계급, 재해, 망설임, 마시다, 수면, 독, 죽음, 안정되지 않음, 함정, 고생, 곤란, 교활, 방해, 애매, 간계, 우수(憂愁), 인내, 법률, 통달, 인자.

⊙ 하늘: 달, 비, 눈, 서리, 이슬, 북풍, 찬 기운, 안개, 수해.

⊙ 땅: 도랑, 강, 호수, 계곡, 샘, 우물, 습지, 바다, 화장실, 목욕탕, 세면장, 소방서, 어장, 흐르는 곳, 지하실, 동굴, 토끼 굴, 병원, 의원, 장례식장, 화장장 등 죽음과 관련 있는 곳.

⊙ 방위: 북쪽.

⊙ 때: 겨울, 음력 자(子) 연월일시, 오행의 수(水) 관련 연월일시, 끝수가 1, 6인 월일, 수요일, 만조, 어두운 밤.

⊙ 사람: 중년 남자, 차남, 나쁜 사람, 간음한 사람, 도적, 뱃사람, 시각장애인, 부랑자, 색정광, 임산부, 잠행하는 사람, 외교관, 지혜가 많은 사람, 죽은 사람, 상중인 사람, 망명자, 탈옥자, 탈주자, 간첩, 작은 사람, 끈기가 없는 사람.

⊙ 신체: 귀, 신장, 방광, 요도, 음부, 자궁, 항문, 콧구멍, 척수, 눈물, 땀, 혈액, 정액.

⊙ 성격: 심지가 굳음, 음험함, 외유내강, 안으로 이익을 챙김, 물결 따라 흘러가는 사람, 지혜로운 사람, 자상한 사람.

⊙ **명예·취업·소망·시험·사업 등**: 모함, 함정 주의, 수산업, 주류업, 도난 예방.

⊙ **직업**: 수산업, 주조(酒造)업, 염색업, 도장업, 선박에 관한 직종 전반, 술에 관한 직종 전반, 목욕탕, 세탁업, 매춘업, 장의사, 승려(죽음과 관련), 어부, 생선 가게.

⊙ **혼인**: 차남, 부잣집, 술집, 친가에서 함께 삶.

⊙ **출산**: 아들.

⊙ **매매**: 물고기, 소금 등 해산물.

⊙ **식품**: 물과 관련된 것 전반, 된장국 등 국 종류, 소금, 절임 종류, 두부, 생선, 김, 미역, 연근 등.

⊙ **동식물**: 돼지, 여우, 두더지 등 땅속에 사는 동물류, 물고기 등 물가나 물속에 살고 있는 동물 일체, 동백꽃.

⊙ **물품**: 선박, 액체 종류, 낚시용품, 술과 관련 있는 용기, 물과 관련 있는 것, 활, 바퀴, 굳세고 심이 많은 나무 등 중심이 단단하거나 씨앗이 있는 물건, 숨어 있는 물건, 찬 음식, 해물, 국, 물고기, 배, 침소, 수정, 자동차.

⊙ **건물**: 물 근처의 집, 강가의 누각, 차나 술 창고, 음식점, 침실.

⊙ **질환**: 부인병, 붓는 병, 생리 이상, 냉증, 치루, 성병, 오한, 귓병, 신장병, 몸이 차가워서 생기는 병, 혈액으로 인한 병, 피로, 신경쇠약, 식중독, 설사, 하혈, 하반신 질환, 가슴앓이, 주독, 신허.

⊙ **성씨**: 수(水) 변의 성씨나 획수가 1, 6인 성씨.

⊙ **색**: 검은색.

⊙ **맛**: 짠맛.

7. 간괘(艮卦, ☶)

| 계절별 운세 |

간괘의 오행은 토(土)이므로 간토(艮土)라고도 한다. 간괘의 계절 환절기가 가장 좋고, 간괘에 기운을 주는 화(火) 오행의 계절 여름과 간괘가 제압하는 수(水) 오행의 계절 겨울도 길하다. 그러나 간괘의 기운을 빼는 금(金) 오행의 계절 가을은 흉하다. 간괘를 제압하는 목(木)의 계절 봄은 매사에 대흉하다. 가택점이나 혼인점, 출산점, 사업점, 재수점, 소송점, 질병점 등 대부분은 이와 같이 점단한다. 그러나 간괘의 성격에는 중단의 의미도 내포되어 있으므로 중도에 막히는 일이 없도록 처음부터 신중히 일을 추진해야 한다.

| 방위별 운세 |

간괘의 방위는 동북쪽이므로 매사 일을 도모하거나 이사하려는 방위, 여행 방위 등은 동북쪽이 길하다. 분묘도 동북향이 좋다.

| 상징물 |

⊙ 상: 산.

⊙ 수: 7, 5.

⊙ **의미**: 고요히 그침, 열성적이고 진실함, 존경하고 자숙함, 꾸밈 없고 순박함, 품은 뜻과 몸가짐이 높아 속된 것에 굴하지 않음, 끈질기고 고집이 셈, 일이 더디어 잘 나가지 않음, 요구를 받아들이지 않고 물리침, 정지, 단념, 중지, 완료, 폐점, 폐지, 전멸, 반품, 지연, 사퇴, 그친다, 그만둔다, 지체함, 막힌다, 반복, 밖은 강하나 속은 부드럽다, 독실, 공손, 고상, 완고, 장해, 사절, 시작하다, 되살아나다, 신규, 부활, 혁명, 개혁, 접속, 후퇴, 인계, 연결, 변화, 집적, 친절, 상속, 높다, 튀어나옴.

⊙ **하늘**: 구름, 눈, 안개, 연기, 흐린 하늘, 날씨가 바뀌는 순간, 흐리지만 비는 오지 않음, 오랜 비가 갬, 산안개, 산바람.

⊙ **땅**: 산, 돌로 쌓은 성지, 지름길, 골목길, 구릉지, 묘지, 육로, 가까운 곳, 문.

⊙ **방위**: 동북쪽.

⊙ **때**: 토의 성질을 가진 진(辰)·술(戌)·축(丑)·미(未)의 월, 오행 토(土)의 연월일시, 늦겨울과 초봄 사이로 음력으로 축(丑)·인(寅)의 연월일시, 끝수가 7, 5인 월일, 토요일.

⊙ **사람**: 어린 남자, 어린이, 유아, 관료, 하인, 산속의 사람, 간수(看守), 비만한 사람(쌓인다는 의미), 호텔 종업원(높은 건물을 의미), 역무원(연결된다는 의미), 배신자, 불운한 사람.

⊙ **신체**: 손, 손가락, 뼈, 코, 등, 허리, 관절, 관절에 붙어 있는 기운 줄, 맹장, 남성 성기.

⊙ **성격**: 강직하거나 완고, 편협, 막혀 있는 사람, 과감하지 못하고 정적임, 집에 있기를 좋아함, 의심이 많음, 근심함.

⊙ 명예·취업·소망·시험·사업 등: 막힌 기운.

⊙ 직업: 은행, 금융 관련 직종, 여관, 호텔 등 숙박 관련 직종, 건축업, 부동산업, 승려, 역무원, 가구 제조 판매업.

⊙ 혼인: 막내아들, 어린 남자, 가까운 지역끼리 혼인.

⊙ 출산: 아들.

⊙ 매매: 산이나 논밭에서 나는 물건.

⊙ 동식물: 개, 쥐, 호랑이, 사슴, 산새, 소, 학, 표고버섯, 산마 등 구근 종류.

⊙ 물품: 쌓아 놓은 것, 서로 연결된 것, 연속되는 것, 병풍, 찬합, 책상, 돌, 병, 옹기, 우산, 안은 부드럽거나 비어 있고 밖은 강한 물건, 산에서 나는 식물.

⊙ 건물: 돌집, 흙집, 문, 대궐 문, 높은 건물, 숙박업소, 높은 언덕, 제방, 현관, 계단, 묘지, 막다른 집, 터널, 교차로, 동북향.

⊙ 질환: 요통, 류머티즘 등 관절 관련 통증 및 질환 일체, 어깨 결림, 비염, 손발 관련 질환, 손가락 질환, 비장, 위장병. 혈행 불순, 식체, 마비증, 부기, 소아마비, 반신불수.

⊙ 성씨: 토(土) 변의 성씨나 획수가 7, 5인 성씨.

⊙ 색: 황색.

⊙ 맛: 단맛.

8. 곤괘(坤卦, ☷)

| 계절별 운세 |

곤괘의 오행은 간괘와 마찬가지로 토(土)이므로 곤토(坤土)라고도 한다. 곤괘의 계절 환절기가 가장 좋고, 곤괘에 기운을 주는 화(火) 오행의 계절 여름과 곤괘가 제압하는 수(水) 오행의 계절 겨울도 길하다. 그러나 곤괘의 기운을 빼는 금(金) 오행의 계절 가을은 흉하다. 곤괘를 제압하는 목(木) 오행의 계절 봄은 매사에 대흉하다. 가택점이나 혼인점, 출산점, 사업점, 재수점, 소송점, 질병점 등 대부분은 이와 같이 점단한다. 곤괘는 조용한 가운데 이익이 있다는 의미가 있으므로 계획하는 바가 있다면 주도면밀하게 추진해 볼 필요가 있다.

| 방위별 운세 |

곤괘의 방위는 서남쪽이므로 매사 일을 도모하거나 이사하려는 방위, 여행 방위 등은 서남쪽으로 가는 것이 길하다. 분묘도 서남향이 좋다.

| 상징물 |

⊙ 상: 땅.

⊙ 수: 8, 10.

⊙ 의미: 고요하고 편안함, 겸손함, 변하지 않는 절개, 물건값이 떨어짐, 속이 텅 빔, 겁이 많고 나약함, 대지, 넓게 펴는 것, 무리, 유순, 키우고 기름, 육성, 온후함, 안정, 공손, 정절, 자상, 검약, 평균, 우둔, 복종, 이욕, 도당, 노동, 생산, 영업, 빈천, 인색, 의혹, 은닉, 하락, 공허, 상실, 소극적, 노력, 고집, 개척, 개간, 축적, 유화, 무지, 무학, 하급품.

⊙ 하늘: 구름, 습기가 많고 음산한 날씨, 그늘, 흐리지만 비는 오지 않음.

⊙ 땅: 들판, 낮은 땅, 논밭, 마을, 평지, 평야, 농촌, 공원, 변방, 유적지, 육로, 창고, 묘지, 시골집, 빛이 들어오지 않는 장소.

⊙ 방위: 서남쪽

⊙ 때: 토의 성질을 가진 진(辰)·술(戌)·축(丑)·미(未)의 월, 오행 토(土)의 연월일시, 늦여름과 초가을 사이로 음력으로 미(未)·신(申)의 연월일시, 끝수가 8, 10인 월일, 토요일.

⊙ 사람: 황후, 할머니, 어머니, 농부, 시골 사람, 고향 사람, 많은 사람, 배가 큰 사람, 신하, 서민, 민중, 대중, 단체, 노동자, 가난한 사람, 아내, 여성, 과부, 작은 사람, 토목 관련 종사자.

⊙ 신체: 배, 위, 비장, 근육, 살, 소화기, 오른손.

⊙ 성격: 인색, 유순, 모으기를 좋아함, 동작이 느림, 완고하고 둔함, 겁이 많음.

⊙ 명예·취업·소망·시험·사업 등: 교사, 농업, 흙과 관련 있는 직업, 순조로움.

⊙ **직업**: 부동산업, 농업, 토목업, 농기구 판매업, 도자기 제조 판매업, 숯 관련 직종, 잡곡업, 잡화상 등 토지와 관련 있는 업종.

⊙ **혼인**: 기품 있고 예의 바른 집안, 장사하는 집안, 못생겼음, 과부의 집.

⊙ **출산**: 딸.

⊙ **매매**: 토지, 곡식, 천, 무겁고 많은 물건, 흙에서 난 것.

⊙ **식품**: 땅에서 나는 식품 일체, 양고기, 돼지고기, 소고기.

⊙ **동식물**: 소, 양, 염소, 암말, 원숭이, 흙 속에 사는 동물, 수가 많은 짐승.

⊙ **물품**: 도자기, 질그릇 등 흙으로 만든 물건, 네모난 물건(바둑판, 장기판), 부드러운 물건, 천 같은 직물, 가마솥, 수레, 오곡, 분말.

⊙ **건물**: 전원주택, 농촌 집, 밭 가운데 있는 집, 작은 집, 토담집, 창고, 음기가 많은 집, 서남향.

⊙ **질환**: 냉증, 비만, 위장병 등 소화기 관련 질환, 비장 질환, 소화 불량, 복통 등 배 관련 질환, 식중독, 구토, 설사, 하혈.

⊙ **성씨**: 토(土) 변의 성씨, 획수가 8, 10인 성씨.

⊙ **색**: 황색, 흙색.

⊙ **맛**: 단맛.

▶ 8괘 형상과 의미

이름	건	태	이	진	손	감	간	곤
상징물	천	택	화	뇌	풍	수	산	지
괘상	☰	☱	☲	☳	☴	☵	☶	☷
수(數)	1	2	3	4	5	6	7	8
음양	양	음	음	양	음	양	양	음
오행	금	금	화	목	목	수	토	토
인물	노인	소녀	중년 여성	장남	장녀	중년 남성	소년	노모
방위	북서	서	남	동	남동	북	북동	서남
인체	머리, 목, 뼈, 호흡기	입, 폐, 여성 성기	심장, 뇌	간장, 손, 발	허벅지, 호흡기	비뇨기, 신장	등, 관절	소화기, 배
소망	성사, 지나치지 않게 조심	중도 좌절	늦지만 성사	방해 있지만 통함	소사는 길, 대사는 흉	성사, 불가	좌절	느긋하게 하면 길
재운	있음	있지만 지출도 많음	조금 있음	조금 있으나 지출도 많음	입출이 많음	없음	없음	조금 있음
결혼	여자는 길, 남자는 흉	연모하면 나쁨	깨짐, 재혼 길	불화	여자는 흉, 남자는 길	부정 있음	결정 안 됨	여자는 흉, 남자는 길
질환	흉	길	급변하면 위험	급변해도 빨리 회복	소길	악화	빨리 회복, 반길	오래감
분실	찾기 힘듦	나오나 파손 있음	빨리 찾으면 나옴	나옴	나오지 않음	사람이 숨김	후에 발견	사람이 숨김
전업	긴축하지 않으면 흉	흉	크게 바라면 흉	길	준비하면 길	실패	중지	일시 보류
이전	이사해도 불안	흉	길하지만 화재 조심	길	길해도 불안 있음	고생	중지	절반 흉, 절반 길
물건	금속, 고가품	금속, 칼 종류	빛나는 물품	소리 나는 물품	목제품, 바람 관련	액체, 물 관련	겹친 것, 묶인 것	부드러운 사각형
색	백색	백색	적색	청색	청색	흑색	황색	황색

제 6장

64괘별 의미

지금까지 태극타로를 이용해 주체괘와 객체괘를 비교함으로써 일의 성사 여부와 길흉을 점단하는 방법에 대해 알아보았다. 이처럼 주체괘와 객체괘의 오행을 비교하는 것만으로 어떤 사안이라도 판단할 수 있다는 것이 태극타로의 가장 큰 장점이요 매력이라 할 수 있겠다.

이와 동시에 64괘의 성격과 의미도 알아둔다면 판단에 큰 도움이 될 것이다. 설령 판단에 이용되지 않는다 하더라도 본래의 주역점은 어떤 방법으로든 작괘(作卦)하여 괘를 얻고, 그 괘가 상징하는 내용으로 길흉을 판단한다는 점을 감안한다면 알아둘 필요가 있다.

태극타로를 이용할 경우에는 본괘의 의미를 먼저 파악한 후 주체괘와 객체괘를 비교해 종합적으로 판단한다면 통변(通辯)의 수준을 더욱 높일 뿐만 아니라 적중률 또한 그만큼 높일 수 있다.

만약 오행을 비교할 시간적인 여유가 없다면 뽑은 괘 그 자체가 상징하는 의미만으로도 사안의 성사 여부나 길흉을 판단할 수 있다. 하지만 그 같은 수준에 이르기까지는 많은 시간과 노력이 수반되어야 하고, 그렇지 못하면 자칫 아전인수 격으로 해석될 소지도 있다.

그래서 64괘의 성격을 참고는 하더라도 그 성격에만 의존하는 주관적 판단에서 벗어나 객관적으로 판단할 수 있는 방법을 제시한 것이 태극타로의 지향점이다.

11. 건위천(乾爲天)

– 하늘을 나는 용, 건금(乾金)궁, 서북쪽, 4월괘.

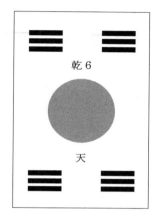

⊙ 괘 풀이: 가장 강건하고 튼튼한 괘상으로 조금도 굽힐 줄 모르는 억센 기운을 갖고 있다. 그래서 이 괘는 가장 좋은 괘로 사람에 비하면 건강하고, 사업에 비하면 한창 성업 중이다. 너무 좋기 때문에 일면으로는 약간 쇠퇴해지려는 조짐도 내포하고 있다. 이 괘를 얻은 사람은 현재 기고만장해 있다. 그러나 너무 강하면 부러진다는 말이 있듯이 앞으로의 운은 지금보다 더 나아진다고 할 수 없다. 겸손하고 근면한 사람에게는 더할 나위 없이 길한 괘상이지만, 오만불손한 사람에게는 장차 악운으로 역전될 기미도 있으니 조심하지 않으면 안 된다.

⊙ 운세: 현재 매우 좋다. 그러나 저돌적으로 나아가거나 망설이거나 물러나서는 안 된다. 서서히 진행해야 한다. 하늘의 움직임이 강건한 것처럼 초조, 권태, 동요, 지체함 없이 노력하면 길하다. 직장 관계에 있어 시험, 승진 등에 힘쓰면 뜻을 이룰 수 있다. 원하는 일은 이루어진다.

⊙ 연애: 남성인 경우에는 상대가 남성적이기에 좋지 않지만, 여성인 경우에는 상대 남성이 믿음직스럽고 능력이 있다.

⊙ 결혼: 순양불길(純陽不吉), 그러므로 두 번, 세 번 노력이 필요하다.

12. 천택리(天澤履)

– 호랑이 꼬리를 밟은 위기, 간토(艮土)궁, 동북쪽, 3월괘.

艮 5

履

⊙ 괘 풀이: 호랑이 꼬리를 밟는 것처럼 편안한 가운데 위태로움이 있는 상태다. 자신은 실수를 별로 저지르지 않았으나 윗사람이나 남의 입장에서 보면 내가 하는 짓이 마땅치 않게 보인다. 그러므로 이 괘가 나온 사람은 매사에 신중해야 한다. 특히 행동에 있어서 비록 자존심이 상할지라도 평소보다 더욱 겸손하고 정성스럽게 선배나 상사, 다른 사람들을 대해야 한다. 예의를 지키고 정직해야 하며, 될 수 있는 한 남의 의사를 존중해야 한다. 남의 뒤를 이어받아 하는 일이라면 처음에는 매우 곤고하나 결국은 좋은 성과를 얻을 수 있다. 남보다 앞서 하는 일에는 부당하다.

⊙ 운세: 처음에는 뜻밖의 일을 당하여 당황하게 된다. 그러나 인내로 성실히 노력하면 뒤에는 좋은 결과를 맺는다. 예의를 지키는 일을 잊지 마라.

⊙ 연애: 젊은 여성이 처자가 있는 남성과 연애할 때 잘 나오는 괘다. 그러나 남성은 늦바람을 피우는 정도로 끝나는 수가 많다. 정식 결혼이 아니고 동거하는 경우도 있다.

⊙ 결혼: 혼인은 이루어지기 어려우니 다음 기회를 기다려라.

13. 천화동인(天火同人)

- 뜻을 같이하는 사람, 이화(離火)궁, 남쪽, 정월괘.

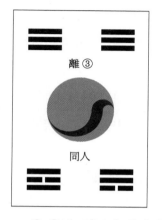

⊙ **괘 풀이**: 하늘과 불이 뜻을 같이한다는 뜻이다. 타인이나 친구의 기운을 받아 성취하는 수. 관직에 있는 사람은 더욱 승진할 기미가 있으며, 사업을 하는 사람은 모든 조건이 순조롭게 이루어진다. 특히 협동 사업이나 공동 사업 등에 길하며, 자본을 투자해 남과 함께 경영하는 사업 등에도 매우 좋은 상이다.

⊙ **운세**: 친구나 윗사람의 도움을 받을 운. 그러므로 희망찬 전진을 한다. 이 기회를 놓치지 마라.

⊙ **연애**: 경쟁자가 많다. 여성은 아름다운 사람이 많다.

⊙ **결혼**: 혼인은 좋은 인연이며 쉽게 이루어진다. 그러나 다른 곳에 미련이 있는 상태이다. 여성은 특수한 기술을 가졌거나 사업하는 남자가 좋다. 남성은 공동 사업이나 경리 업무를 맡고 있는 여성이면 좋다. 상대방 신상 조사를 할 필요가 있다.

14. 천뢰무망(天雷无妄)

– 천둥이 번개를 만남, 손목(巽木)궁, 동남쪽, 2월괘.

巽 4

无妄

⊙ 괘 풀이: 메마른 초목이 단비를 기다리는 상이다. 그러나 우렛소리가 들리며 비가 곧 쏟아질 듯하지만 좀처럼 오지 않는다. 하지만 우렛소리가 나면 머지않아 비가 내린다. 지금은 모든 일이 될 듯하면서도 좀처럼 풀리지 않지만 침착성과 인내력으로 기다리면 결국 바라는 것이 이루어지게 된다. 처음에는 작은 보람이지만 차츰 발전하여 결국 뭇사람이 놀랄 만한 의외의 성과를 거둘 날이 머지않았다.

⊙ 운세: 현재는 매우 불안한 상태. 그러나 운세가 나쁜 것은 아니고 앞으로 대길할 징조다. 정당한 방법으로 쉬지 않고 노력하면 크나큰 성과를 얻을 것이다. 소망하는 일은 이루어지지만 실리보다는 소문이 크다. 금전이나 재산보다는 벼슬이나 명예를 구하는 데 길하다.

⊙ 연애: 애교가 넘치는 능숙한 사귐이다.

⊙ 결혼: 성사되는 대로 내버려 두어도 좋은 연분. 여성은 가정에 들어가 살면 좋음. 별거하던 부부가 다시 제자리로 돌아온다.

15. 천풍구(天風姤)

- 우연한 만남, 건금(乾金)궁, 서북쪽, 5월괘.

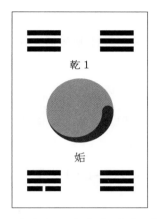

⊙ **괘 풀이:** 구(姤)는 만난다는 뜻이다. 좋은 일보다는 나쁜 일을 만나는 상이다. 교통사고, 사기 사건, 실물 따위에 조심해야 한다. 대체로 장애가 많아서 일이 순조롭지 않다. 만사에 임함에 있어 항상 자기 분수와 위치를 지키지 않으면 안 된다. 방심하면 곧 다른 사람으로 인해 피해를 본다. 특히 여성은 남성의 호의적인 태도에 냉정함을 지켜야 한다. 상대방은 언제나 당신의 허점을 노리며 불순한 마음으로 기회를 엿보고 있다.

⊙ **운세:** 현재 운세가 쇠퇴해 가고 있다. 사업이면 규모를 줄이고 좀 더 시일이 지난 뒤 확장하는 것이 좋으며, 혼인이나 계약 따위는 뒤로 미루는 것이 좋다. 될 듯하지만 매사에 방해가 많아서 결국은 이루어지지 않는다.

⊙ **연애:** 별로 재미도 없고 서로 진실성도 없다.

⊙ **결혼:** 좋지 않다. 결혼해도 오래가지 못한다.

16. 천수송(天水訟)

– 제 논에 물 대기, 이화(離火)궁, 남쪽, 2월괘.

⊙ 괘 풀이: 송(訟)은 소송, 즉 재판을 의미하는 것이다. 남과 의견이 충돌해 서로 다투고 있는 상태다. 걸핏하면 싸움이 벌어지기 쉬운데, 싸우면 당신에게 불리하다. 될 수 있는 한 이해와 양보심을 가지며, 남의 의사를 존중하고 상사나 벗과 의논하여 그 의견을 따르는 것이 좋다. 가정에서도 불화하여 자칫 잘못하면 이혼 문제까지 대두하기 쉬우니 주의하지 않으면 안 된다. 결론적으로 소송 사건에 휩쓸려 들어가기 쉬운 운이니 유의하여 항상 겸손과 양보로 상대방과의 대립을 피해야 한다.

⊙ 운세: 쇠운에 처해 있다. 그리고 현재 누구와 의견 충돌이 일고 있는 중이니 마음가짐을 조심하라. 소망하는 일은 방해자가 있어 이루지 못한다.

⊙ 연애: 연인끼리 의견이 대립하거나 자기와 환경이 맞지 않는 상대와 연애하는 경우가 많음.

⊙ 결혼: 지금 말하고 있는 곳은 성립되지 않으니 시기를 기다리거나 다른 곳에서 구하는 것이 좋다.

17. 천산둔(天山遯)

– 은둔하는 군자, 건금(乾金)궁, 서북쪽, 6월괘.

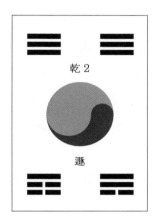

⊙ 괘 풀이: 이 괘는 길흉이 상반한 상이다. 앞으로 나아가기보다는 차라리 한 걸음 양보하여 뒤로 물러서는 것이 유익하다. 현재 쇠운에 처해 있는 상태로 난처한 입장에 놓인다. 남이 시기하고 헐뜯고 있어 사면초가니 당장은 당신을 위해 주선해 주는 이가 없다. 이 시기에는 아무리 바르고 옳은 일을 해도 내 성의가 남에게 통하지 않는다. 조용히 때를 기다리는 것이 상책이다. 앞으로 나아가는 것보다 한 걸음 물러서서 다음 기회를 기다려라. 선궁후달(先窮後達)의 징조가 있으니 장차 좋은 운이 기다리고 있다.

⊙ 운세: 좋지 않다. 이 괘가 나온 사람은 사업 확장이나 금전 투자의 증가 등으로 인해 크게 불길하다. 소망하는 일은 이루기 어렵다.

⊙ 연애: 성격적으로 맞지 않으며, 아무래도 여성 쪽 의견에 항상 말려 들어갈 염려가 있다.

⊙ 결혼: 흐지부지되는 등 결정이 잘 안 된다. 결혼한다 해도 화합할 수 없다.

18. 천지부(天地否)

– 폐쇄된 출구, 건금(乾金)궁, 서북쪽, 7월괘.

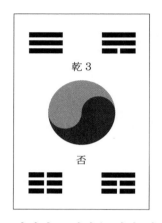

乾 3

否

⊙ 괘 풀이: 부(否)는 막혀서 통하지 않는다는 뜻이다. 모든 일이 순조롭지 않고 침체해 있다. 남에게 미움과 의심을 받고 있어 아무리 진실을 피력해도 상대는 이를 인정하지 않아 답답하고 안타깝다. 현재는 은인자중함이 상책이다. 성급한 마음으로 서둘다가는 오히려 난처한 입장으로 빠져든다. 가정도 불안하고, 사업도 쇠퇴하며, 직장에서도 언짢은 일만 생길 것이다. 지금은 움직이면 움직일수록 그만큼 손실이 있다. 운이 꽉 막힌 형상이라 아무런 일도 해결을 보지 못한다. 좀 더 지구력을 가지고 참고 나가면 암운이 걷힐 날이 있을 것이다.

⊙ 운세: 현재는 일사무성(一事無成)이니 모든 것을 뒤로 미루는 것이 좋다. 입학, 구직 등은 이번에 아주 단념해 버리고 다음 기회를 겨냥해야 한다.

⊙ 연애: 별로 순조롭지 못하며, 지금 다투고 있으면 서로 헤어지게 된다. 애정 관계가 깊은 사람일지라도 얼마 동안 기다려야 한다.

⊙ 결혼: 시일이 지나면 성사된다. 또는 어느 한쪽은 마음이 내키지 않으며, 이미 육체관계를 맺은 사람이라도 결혼이 잘 진행되지 않는 상태다.

21. 택천쾌(澤天夬)

– 결단의 순간, 곤토(坤土)궁, 서남쪽, 3월괘.

⊙ 괘 풀이: 윗사람을 제치고 그 자리에 올라서는 아주 강건한 상이다. 기세는 당당하나 너무 지나치면 모순을 가져오는 경우도 많다. 현재 강세만 믿고 전후 분별없이 무모하게 나가다가는 도리어 이전 위치보다 떨어져 고배를 마시게 될 우려도 있다. 평소보다 더욱 공손하고 겸양한 언어와 동작을 취해야 하며, 사업이 성업 중이라도 지나치게 확장하지 말고 조심스럽게 경영해 나가면 호조를 계속 유지해 나갈 수 있다. 아주 하찮은 일에 구멍이 생겨 상상 이외의 손실을 가져오는 경우가 있는 상이니 만사를 견고하게 다듬어 나가야 한다. 가정에는 불화가 있다. 서로 참지 못하면 이혼 문제까지 파급될 우려가 있다.

⊙ 운세: 비교적 좋은 상태이나 오래 지속하지 못하는 게 흠이다. 방해로 인해 도중에 좌절된다. 여자의 원조가 있으면 길하다.

⊙ 연애: 서로 마음이 결합하지 않는다.

⊙ 결혼: 인연이 좋지 않다. 부부간에도 다툴 일이 끊이지 않고, 이혼에 한 걸음 앞에까지 가 있는 상태와 같다. 모든 일을 신중하고 침착하게 처리하는 것이 좋다. 결혼은 성사되지만 나중에 약간 후회할 일이 생긴다.

22. 태위택(兌爲澤)

– 우물가에서 깔깔거리는 처녀들, 태금(兌金)궁, 서쪽, 10월괘.

兌 6

澤

⊙ 괘 풀이: 태(兌)는 즐겁다는 뜻이다. 우선 즐거움이 있는 상태다. 그러나 겉보다는 실속이 허전하여 괴로움도 내포하고 있는 상태다. 지금 이성 문제로 신경 쓰고 있다. 그래서 사업이나 기타 방면에는 등한하기 쉬우므로 자칫하면 손실을 초래하기 쉽다. 남은 당신에게 겉으로만 호의적일 뿐이지 내심으로는 시기하고 있다. 그런고로 겸손하고 성실히 대하여 남의 공감을 얻도록 노력한다면 지금의 즐거움을 오래 지속할 수 있다. 이 괘는 상업 방면에 아주 좋은 괘다. 특히 광고, 선전 효과를 필요로 하는 사업 계통은 더욱 좋다. 착실히 노력해 나간다면 상당한 금액을 손에 넣을 기회가 바로 이때다.

⊙ 운세: 현재는 곤고하나 결국은 길함이 있다. 점차 순조롭게 풀리어 나간다. 원하는 일은 어려운 것 같으나 부인의 협조를 받아 이룬다.

⊙ 연애: 한 남성을 두고 두 여자가 싸우는 형상이다.

⊙ 결혼: 이야기는 그럴듯해도 진실성이 없으며, 당신 이외에도 이성 관계가 있다. 그러나 재혼이면 무난하다. 혼담이 한꺼번에 몇 군데서 들어오는 경우도 있다.

23. 택화혁(澤火革)

– 거리를 누비는 혁명의 함성, 감수(坎水)궁, 북쪽, 2월괘.

坎 4

革

◉ 괘 풀이: 혁(革)은 바꾼다, 개혁한다, 혁명한다는 뜻이다. 모든 일에 묵은 것을 버리고 새롭게 개혁해야 길하다. 지금은 모두 부패한 상태, 하지만 장차 새것으로 혁신하는 징조이니, 예를 들어 사물의 개혁, 사업의 혁신, 가옥의 개축, 직업 전환 등에 있어 매우 적합한 시기가 닥쳐왔음을 말해 주고 있다. 종전에 있었던 계약 같은 것은 변경되는 일이 있겠으니, 그렇게 되는 것이 차라리 좋다. 이 괘를 얻은 사람은 쉬지 말고 끊임없이 노력하라. 그러면 천운이 당신에게 돌아와 뭇사람의 신임과 사랑을 받게 되고, 점점 호운으로 사업도 왕성하고, 입신출세할 수 있는 계기를 마련하게 될 것이다.

◉ 운세: 순풍에 돛단배와 같이 진행이 순조롭다. 모든 일을 박력과 결단성으로 처리하면 처음에는 이루지 못할 것 같으나 나중에는 무난하게 해결되어 나간다.

◉ 연애: 육체적인 매력을 느끼는 사랑이다. 남녀 모두 색난을 조심해야 한다.

◉ 결혼: 상대방의 마음이 변했다. 오래된 혼담은 곧 성립한다. 초혼은 별로이며, 재혼이라면 좋다.

24. 택뢰수(澤雷隨)

– 말을 쫓는 사슴, 진목(震木)궁, 동쪽, 7월괘.

震 ③

隨

⊙ 괘 풀이: 수(隨)는 따른다, 또는 즐겨 따른다는 뜻이다. 종속적인 뜻이라 약간 약한 운세다. 그러나 결코 나쁜 운은 아니다. 타의에 의해 따르는 것이 아니라 자의를 즐겨 따르므로 주인공은 언짢지 않은 상태이기도 하다. 자칫 잘못하면 우유부단한 경향도 있으므로 이 점을 유의하여 남의 감언이설에 속지 않도록 주의해야 한다. 괘상과 같이 장차 어떠한 일을 성취함에 있어서 충분한 실력을 갖추고 일에 임하기 때문에 그 결과도 매우 좋다. 현재는 보잘것없으나 종말에 가서는 큰 업적을 이루게 된다.

⊙ 운세: 창조적인 일보다는 남이 하는 일을 관망하면서 침착하게 그 뒤를 따르는 것이 좋다. 운세는 평평하나 점점 호조가 된다. 원하는 일은 무리한 욕심이 아니라면 대개 이루어진다.

⊙ 연애: 연령 차이가 많은 애인이 생길 때다. 또는 이성 관계도 여러 명 생각할 수 있다.

⊙ 결혼: 무리한 욕심이 아니라면 이루어진다. 재혼도 좋다.

25. 택풍대과(澤風大過)

－지나치게 무거운 짐, 진목(震木)궁, 동쪽, 2월괘.

⊙ 괘 풀이: 대과(大過)는 지나치다는 뜻으로 정상적인 궤도를 벗어났다는 의미다. 이 괘는 모든 일에 정도를 지나치고 있다. 모든 일이 기운에 겹고 부담으로 다가와 아주 기진맥진하고 있는 형상으로, 마치 늙고 병든 말이 무거운 짐을 지고 태산준령을 넘는 것같이 곤고함이 따르고 있다. 자신의 기운으로는 도저히 감당하기 어려운 일에 말려들어 이러지도 못하고 저러지도 못해 쩔쩔매고 있는 상태다. 한 걸음 물러서서 그 짐을 가볍게 하는 방법을 연구하는 것이 최선이니, 되도록 남에게 협조를 의뢰하거나 양보해야 한다. 분수에 맞은 일에 기운과 정성을 기울여 나가는 것만이 최선이라 하겠다.

⊙ 운세: 기운에 겨운 일에 부딪히고 있다. 타개책을 연구해 고난에서 벗어나도록 힘써야 한다. 분수에 맞지 않는 일이면 성취하지 못한다.

⊙ 연애: 복잡한 연애가 많으며, 또 연령 차이가 많은 연애라는 뜻이 있으므로 이른바 늦바람과 같이 나이 많은 남성은 젊은 여성을 구하고, 젊은 남성은 손위 여성과 연애 관계에 빠져 헤어날 수 없는 때다.

⊙ 결혼: 서로 성격 면에서 차이가 많아 정식 결혼은 적합하지 않다. 재혼이나 나이 차이가 많은 경우에는 이루어지지만 그 이외에는 이루어지지 않는다.

26. 택수곤(澤水困)

– 물이 마른 저수지, 태금(兌金)궁, 서쪽, 5월괘.

⊙ 괘 풀이: 곤(困)은 곤란, 곤궁, 고통이라는 뜻이다. 이 괘는 4대난괘(四大難卦)의 하나로 모든 일이 뜻대로 되지 않고 심신이 쇠약해 있는 상태다. 아무리 총명한 재주를 가졌다 해도 헤쳐 나갈 기운이 없다. 즉, 하늘이 당신을 돕지 않고 사람들은 당신을 불신한다. 그러므로 이런 때일수록 침착해야 하고 마음의 안정을 지녀야 한다. 인간에게 극단이란 없다. 분수를 지키며 때를 기다려 재기할 수 있는 역량을 기르는 것만이 가장 현명한 일이 아니겠는가.

⊙ 운세: 아무리 노력해도 효과가 없다. 마치 모래로 둑을 쌓는 형상이니 비록 수고하나 공은 없다. 차라리 단념하고 다음 기회를 기다려라.

⊙ 연애: 이제까지 사귀던 사람과 종지부를 찍어야 할 애달픈 사랑이다.

⊙ 결혼: 서로 입장을 얻지 못했기 때문에 뜻대로 되지 않는다. 인연이라면 예상외로 성립되는 수가 있다.

27. 택산함(澤山咸)

– 신혼부부의 사랑, 태금(兌金)궁, 서쪽, 정월괘.

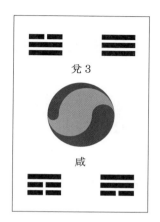

⊙ 괘 풀이: 함(咸)은 느낀다는 뜻이다. 매사를 민감하게 느끼고 잘 움직여 남의 호감을 사게 된다. 그러므로 남의 협력을 받아 일이 순조롭게 되고, 뜻밖에 좋은 일도 생길 것이다. 만일 현재 부진한 상태에 놓인 경우라 해도 자연적으로 풀리기 시작해 급기야 몇 배의 효과를 얻게 되는 길한 괘다. 그렇다고 방심하고 있으면 무조건 좋은 일이 다가오는 것은 아니다. 운이 길할수록 성심으로 대인 관계에 임해야 위로는 하늘이 감응하고, 아래로는 신이 도우며, 사람도 도와 대업을 달성할 수 있다.

⊙ 운세: 운세가 대길하다. 특히 남의 도움으로 일마다 순조롭게 되어 나간다. 원하는 일은 귀인의 도움으로 이루어진다.

⊙ 연애: 남자가 사랑을 고백한다. 여자는 빨리 입장을 결정해야 할 시점이다.

⊙ 결혼: 결혼에 대길하다. 좋은 인연으로 성취된다. 젊은 사람의 경우 상당히 진행된 뒤에 부모님의 허락을 기다릴 뿐이다.

28. 택지췌(澤地萃)

- 화려한 잔치의 모임, 태금(兌金)궁, 서쪽, 6월괘.

⊙ 괘 풀이: 이 괘는 고기와 용이 모이는 상이다. 바다는 뭇 고기의 보금자리요, 용의 본거지이다. 그러므로 자기 역량을 마음껏 발휘할 수 있는 환경이 허락되는 대길한 괘다. 췌는 모인다는 뜻도 되므로 동지를 얻고 협력자를 얻을 수 있으며, 사업은 번창하고 돈과 재물이 모여든다. 항상 겸허한 마음과 정성스럽고 정직한 태도와 유순하고 관대한 처세를 하라. 그리하면 모든 일이 순조롭게 성취될 것이다.

⊙ 운세: 손윗사람이나 선배의 도움으로 뜻밖의 성공을 얻는다. 여러 사람이 합심하는 일이면 대성할 수 있다. 노인이나 여자가 끼어 있으면 중도에 실패하게 된다.

⊙ 연애: 순조롭게 진행된다. 하지만 두 마리 토끼를 쫓다가는 소중한 것을 잃고 만다.

⊙ 결혼: 좋은 혼처가 나타난다. 순조롭게 진행되고 빨리 성사된다. 길하지만 오래 끌면 잡음이 생긴다. 중매자의 성의가 요망되며, 연애 결혼은 실패한다.

31. 화천대유(火天大有)

– 찬란한 한낮의 태양, 건금(乾金)궁, 서북쪽, 정월괘.

乾 ③

大有

⊙ 괘 풀이: 대유(大有)는 관대하고 공명 정대한 덕으로, 세상을 다스리는 군자의 모습이라 밝은 태양이 높은 하늘에서 빛나고 있는 형상이다. 그 덕이 모든 사람에게 미치는 대길한 상이라 하등의 장애가 없다. 뒤에 비록 시기하고 질투하는 이가 있더라도 평소의 덕을 잃지 않고 바르게 처세하면 자연스럽게 감화되어 무릎을 꿇고 복종하게 될 것이다. 일을 도모하면 성취하고, 구하면 얻는다. 그렇기 때문에 자칫하면 오만해지기 쉬우니 이 점을 유의해서 군자지도(君子之道)를 잃지 말고 시종 관대한 아량으로 처세해야 호운을 계속 유지할 수 있다.

⊙ 운세: 명예에 관계되는 일이라면 더욱 좋다. 그리고 사업 면에서도 대성할 운이다. 분수에 맞는 일이라면 모두 성취된다.

⊙ 연애: 짝사랑을 하고 있거나 상대방이 본인의 마음을 몰라줘 다소 고민이 있을 때다.

⊙ 결혼: 혼인은 약간 늦어지나 이루어지며, 여성이라면 좋은 인연을 만날 기회다. 결혼 후 가정에서 여왕 같은 입장이 되는 수가 많다.

32. 화택규(火澤暌)

– 시어머니와 며느리의 불화, 간토(艮土)궁, 동북쪽, 2월괘.

⊙ 괘 풀이: 규(暌)는 서로 피한다, 반목한다는 뜻으로, 다툼을 상징한다. 항상 말과 행동에 조심하라. 도무지 서로 의사가 통하지 않는 상태이므로 새로운 사업 계획이나 결혼 등에는 희망이 없다. 현재 운은 매우 불리하다. 아무리 현명한 판단력으로 일에 임할지라도 결국은 상대방에게 피해를 보고 만다. 가정에도 찬바람이 불고 있다. 자칫 외도 같은 일을 저질러 부부간에 큰 불화가 일어날 징조도 있다. 가정 문제에 관한 일이라면 대흉이나 사소한 이익에는 약간의 재미를 볼 수 있다. 폭행으로 인한 상해 사건 같은 일이 일어나지 않도록 주의하라.

⊙ 운세: 말이 화근이 된다. 언행을 조심하고, 매사에 양보하는 미덕이 있으면 편안하다. 원하는 일은 이루지 못한다.

⊙ 연애: 화려한 교제를 하고 있다. 남성은 여성으로 인한 피해나 마음의 상처를 입지 않도록 조심해야 한다.

⊙ 결혼: 초혼은 이루어지기 어렵다. 또 함께한 후에도 갈등이 있다. 만일 결혼한 사람이 부부싸움을 하고 있는 상태라면, 지금은 서로 미워하고 있지만 나중엔 오해가 풀려 원상으로 되돌아갈 것이다. 재혼은 성립된다.

33. 이위화(離爲火)

– 타오르는 사랑의 불길, 이화(離火)궁, 남쪽, 4월괘.

⊙ 괘 풀이 : 이(離)는 불, 즉 태양을 의미한다. 광명, 정열 등 약동을 상징하는 것으로 성운에 이르렀음을 알려준다. 태양의 위대한 기운은 온 천하에 밝은 빛을 주고, 만물을 발생하게 하는 거룩한 능력을 갖추고 있으므로 만상(萬象)의 어버이이기도 하다. 그렇기 때문에 이 괘를 얻은 사람이 많은 사람에게 봉사하거나 은덕을 베풀어 주는 일에 종사한다면 그 명망은 천하에 진동할 것이다. 그러나 모든 면에 지나친 바가 있어 중용의 도를 지키지 않으면 남의 원망도 사게 된다. 항상 부드럽고 화순한 마음으로 자신을 견제하면서 겸손하고, 또 일에 신중을 기해야 한다. 그렇지 않으면 위험이 일어날 우려가 있다. 이 괘의 결점은 마음의 안정을 잡지 못하고 들떠 있는 것이니, 이 점도 주의해야 한다.

⊙ 운세 : 봉사적인 사업은 대길하다. 자신의 재능과 지혜를 지나치게 믿고 오만하면 실패한다. 대체로 창달하는 길운이다. 문예 방면 일이면 모두 성취한다.

⊙ 연애 : 매우 열정적으로 사귀고 있지만, 마음이 항상 움직이고 있어 믿음성이 적고 확신이 서지 않는다.

⊙ 결혼 : 몇 군데서 이야기가 나와 어느 쪽도 결정하지 못하고 있

는 경우가 많다. 될 듯하면서도 성립되지 않는다. 서두르지 말고 잘 결정하는 것이 좋다. 재혼에는 대길하다.

34. 화뢰서합(火雷噬嗑)

– 턱 속의 음식물, 손목(巽木)궁, 동남쪽, 9월괘.

巽 5

噬嗑

⊙ 괘 풀이: 서합(噬嗑)은 딱딱한 것을 입에 넣고 씹는다는 뜻으로, 무슨 일에나 서두르지 말고 아주 완전하게 매듭을 지어 나간다면 만사가 형통하게 된다. 무엇이 이빨 사이에 끼어 있는 것같이 꺼림칙하고 불유쾌한 기분이지만, 그 꺼림칙한 것을 완전히 씹어 제거해 버리면 매우 기분이 상쾌해지므로 조급하게 서둘지 말고 하나하나 순서대로 처리해 나가야 한다. 구설수도 있다. 괜한 일에 간섭하거나 남을 비방하면 예기치 않은 말썽이 생겨 곤란한 입장에 처하게 된다. 사업을 경영하는 이에게는 강한 운으로, 난관은 있으나 성취한다.

⊙ 운세: 경영하는 일마다 방해가 있어 마음대로 되지 않으나 그 방해가 되는 원인을 살펴 제거해 나가면 일의 성과가 좋다. 뱃심을 가지고 단호하게 결정해 나가야 한다. 방해를 제거하면 성취되는 길운이다.

⊙ 연애: 매우 순진한 사랑을 하고 있다. 자주 사랑싸움을 하는데, 사랑싸움이 화근이 되어 헤어질 수도 있으니 조심해야 한다.

⊙ 결혼: 경쟁자가 있어 어려운 편으로 순조롭게 진행되지 않는 수가 많다. 기혼 부부라면 싸움은 해도 떨어질 수 없다.

35. 화풍정(火風鼎)

– 세 사람의 조화, 이화(離火)궁, 남쪽, 12월괘.

⊙ 괘 풀이: 정(鼎)은 솥으로, 솥에 세 발이 달려 있다. 세 발 중 하나만 없어도 솥은 기울어진다. 3이란 숫자와 관계가 있다. 그러므로 혼자서 하는 일보다 세 사람이 합심하면 이루어진다. 새로운 일에는 대단히 좋다. 지금까지의 낡은 것을 버리고 새롭고 참신한 계획으로 임할 때가 온 것이다. 재래적이고 낡은 것에 연연하다가는 모처럼의 좋은 기회를 놓치고 마는 결과가 나온다.

⊙ 운세: 기반이 든든하다. 어떤 일에나 중심적인 지위를 차지한다. 남의 두목이 되어 부하를 거느리게 되는 운세이므로 여러 사람 의견을 받아들이고, 지도적인 입장에 서서 지휘하면 성공을 크게 얻는다. 그러나 세 가지 요건 가운데 하나만 빠져도 무너지고 마는 격이니, 매사를 튼튼하게 처리해 나가야 한다. 원하는 일은 이루어진다.

⊙ 연애: 서로 좋은 상대를 얻게 될 때이다. 남성은 상냥하고 여성은 이지적인 면이 많다.

⊙ 결혼: 길하다. 혼담도 순조롭게 성립된다. 그러나 결혼 후에 삼각관계를 주의해야 한다.

36. 화수미제(火水未濟)

– 바다에 번지는 여명, 이화(離火)궁, 남쪽, 7월괘.

⊙ 괘 풀이: 미제(未濟)는 아직 덜되다, 미숙하다는 뜻으로, 지금까지 모든 것이 미흡한 상태에 놓여 있다. 그러나 미숙하다는 것은 장차 완숙이 머지않음을 뜻하는 것이므로 오래지 않아 알찬 성과를 거둘 수 있음을 의미한다. 즉, 이제부터 일이 순조롭게 진행되어 성취하는 괘로, 지금은 다 이루어지지 않았으나 시기가 오면 성취된다. 급히 서두르는 것보다 침착하고 차분하게 진행할수록 좋으니, 진행되는 일이 더디다고 안타깝게 생각할 필요가 없다. 이 괘는 비밀이 많은 상태다. 특히 여성은 자기 심정을 고백하지 못해 망설이고 있는 상태다. 용기를 가져라. 그러면 상대도 쾌히 응해 줄 것이다.

⊙ 운세: 나아갈수록 좋은 운이다. 중도에서 일을 단념하면 아까운 기회를 놓쳐 버리는 결과가 되고 만다. 원하는 일은 이루어진다. 남에게 부탁할 일이라면 시원하게 고백하라.

⊙ 연애: 나이가 많은 남자가 어린 여자에게 마음을 두고 다가가는 것처럼 상대가 적합하지 않다. 때를 놓쳐 무리한 사랑이다.

⊙ 결혼: 지금은 방해자가 있어 부진하지만 마지막에 가서 성립된다. 서둘지 말고 추진하라. 여성이 집안 책임을 맡게 되는 경우가 많다.

37. 화산려(火山旅)

– 고독한 나그넷길, 이화(離火)궁, 남쪽, 5월괘.

⊙ 괘 풀이: 여(旅)는 나그네로, 심신이 안정되지 못해 괴로워하는 상태다. 자기 일신의 진퇴를 놓고 고민 중에 있다. 특히 금전 문제로 심한 고민에 빠져 있다. 이 괘는 집을 떠나 외국 유학을 가거나 타관에 나가 사업하는 일이나 기타 여행하는 일에는 모두 해롭지 않다. 그리고 발명가나 문학가가 이 괘를 얻으면 새로운 아이디어가 구상되어 길하다.

⊙ 운세: 항상 불안정하여 주소를 자주 옮길 징조다. 언제나 쫓기는 것 같은 초조와 불안감에 사로잡히고, 마음이 쓸쓸하고 허전하다. 당분간 되어 가는 대로 맡기고 망동하지 말아야 하며, 윗사람이나 친한 벗의 충고를 받아들이는 것도 좋은 일이다.

⊙ 연애: 집안의 반대로 결혼으로 연결되기 어렵다.

⊙ 결혼: 성격상 조화되지 못하며 주거 또는 직업 관계로 잘 이루어지지 않는다. 중매인이 적극적인 경우는 성취되기도 한다.

38. 화지진(火地晉)

- 희망이 넘치는 해돋이, 건금(乾金)궁, 서북쪽, 2월괘.

⊙ 괘 풀이: 진(晉)은 진(進)과 같은 뜻으로 진전을 의미하고, 용맹한 장수가 싸움터로 향하는 상이다. 그 기세가 강건하고 웅대하다. 자칫하면 자만해 겸손하지 못한 행동이나 나태해지기 쉬운 경향도 있으므로 주의하지 않으면 어이없게도 실의의 고배를 마시게 된다. 어진 임금이 착한 신하를 얻게 되는 형상이니 수하에 충실한 일꾼을 둔다면 사업 번창을 기할 수 있다. 만사 뜻대로 막힘없이 전진하는 모습이다.

⊙ 운세: 대길하다. 웅대한 포부를 가지고 목적을 향하여 전진하라. 상사의 도움으로 승진할 기회를 얻는다. 직장을 옮기는 변화가 있겠고, 옛날 친구나 애인을 만나기도 하고, 사이가 좋지 못한 사람과 화해하는 수도 있다. 다만 지나친 오만이나 해이한 마음은 기회를 놓치는 결과가 된다. 원하는 일은 성취된다.

⊙ 연애: 명랑하고 즐거운 연애다. 서둘러 결혼하도록 노력하라.

⊙ 결혼: 지체하지 말고 결혼을 추진하라. 좋은 인연으로 곧 성사된다.

41. 뇌천대장(雷天大壯)

－기운차게 달리는 준마, 곤토(坤土)궁, 서남쪽, 2월괘.

坤 4

大壯

⊙ 괘 풀이: 대장(大壯)은 장대하다, 성대하다는 뜻이다. 오랜 가뭄으로 비가 오기를 애타게 기다리는데, 하늘에서는 비가 오지 않고 우렛소리만 나는 형상으로 알맹이가 없는 상태다. 이 괘의 주인공은 남이 보기에는 매우 좋다. 경영하는 사업 규모도 그럴듯하다. 직장에 근무하는 사람이라면 그가 처해 있는 위치는 훌륭하다. 그러나 사업은 범위만 클 뿐이지 실속이 없으며, 직장에서도 허울 좋은 이름뿐이지 실속이 없는 모습이다. 그러나 어쨌든 쇠운이 있는 것은 아니다. 겉보기에 비해 실속이 적을 뿐이지 그런대로 현상을 유지하기에는 족하다.

⊙ 운세: 승부에 임한 경우는 강한 운이다. 스포츠 같은 경기에는 매우 좋다. 사업에 있어서는 경쟁자를 누르고 앞서는 경향이 있으나 그에 따르는 부작용도 많다. 작은 소망은 성취된다.

⊙ 연애: 두 사람 모두 기분이 들떠 있는 경우가 많다. 침착한 연애는 못 된다. 남성은 바람기가 있어 여러 여성을 사귀기 쉽다.

⊙ 결혼: 성취되지 않는다. 성취되더라도 이상적이라 할 수 없다.

42. 뇌택귀매(雷澤歸妹)

– 사랑해서는 안 될 사람, 태금(兌金)궁, 서쪽, 7월괘.

⊙ 괘 풀이: 음양이 상교(相交)하여 즐거워하는 남녀의 모습을 상징한다. 즉, 결혼을 의미한다. 결혼은 인생의 첫 출발이다. 따라서 출발의 중대성을 되새기며 만사에 조심성 있게 나아가야 한다. 비록 결혼을 의미하지만 그렇다고 해서 행복한 결혼 생활을 말하는 것은 아니다. 남녀가 결합한다는 의미뿐이므로 중도에 파탄이 일어나기도 쉽다. 남자가 이 괘를 얻었다면 색정에 빠질 우려가 있다. 정신적이 아니라 육체적으로 여성을 희롱하고자 한다. 그래서 여성으로 인해 아주 난처한 입장에 처하고 만다. 부부 생활에는 불화의 징조가 있다. 여하튼 이 괘는 남녀 관계에 복잡성을 띠고 있다.

⊙ 운세: 시작은 좋으나 결과가 나쁘다. 모든 일에 적극성을 띠지 말고 수동적으로 행동하는 것이 좋다.

⊙ 연애: 상당히 깊은 관계에 빠진 사이다. 젊은 사람의 경우 결혼까지 갈 수도 있지만 나이 많은 남성은 젊은 여성과의 관계로 인해 가정에 충실할 수 없다.

⊙ 결혼: 지금 이야기하고 있는 곳이 있다면 좋지 않은 곳이다.

43. 뇌화풍(雷火豊)

– 애수의 태양, 감수(坎水)궁, 북쪽, 9월괘.

坎 5

豊

⊙ **괘 풀이:** 풍(豊)은 풍족하다, 성대하다는 뜻으로 강한 운세를 의미한다. 그러나 표면은 성운으로 보이지만 내면에는 복잡성이 있는 것을 의미한다. 현재는 운세가 강하여 마치 보름달 같다. 그러나 달이 차면 기우는 법, 이제부터 차츰 쇠운에 접어들고 있다. 그리고 무슨 일이나 분명하게 처리해야 한다. 그렇지 않으면 용두사미 격이 되어 아예 시작하지 않은 것만 못하다. 또 새로운 사업 등은 벌이지 말고 내부 충실에 주력해야 한다.

⊙ **운세:** 이 괘를 얻은 사람은 모든 사물을 경솔하게 처리해서는 안 된다. 신중하지 않고 마음 내키는 대로 하다가는 남과 충돌하는 등 말썽이 생겨 결과적으로 좋지 못한 일을 당한다. 당신의 운세는 지금 쇠퇴해 가고 있으니 차츰 그 범위를 줄이는 것이 좋다. 소망하는 일은 아직 때가 아니니 먼 훗날을 기다려야 한다.

⊙ **연애:** 서로 사치스러워 정신적인 면보다는 외양에 사로잡히는 경우가 많다.

⊙ **결혼:** 혼담은 화려해서 좋아 보인다. 그러나 중매는 상대를 잘 모르기 때문에 확인하는 것이 좋다. 혼인도 서둘지 않아야 한다.

44. 진위뢰(震爲雷)

– 소리만 요란한 천둥, 진목(震木)궁, 동쪽, 10월괘.

⊙ 괘 풀이: 진(震)은 진동한다, 위엄을 떨친다, 발분한다는 뜻이다. 현재 패기로 가득 차 있다. 그만큼 박력도 있고 용기도 있다. 그러나 좋은 일에 마(魔)가 생긴다는 격으로 어떠한 일을 하든지 경쟁자가 있어 말썽이다. 마치 두 마리의 용이 구슬 하나를 놓고 다투는 형상이다. 그러므로 애써 머리를 짜내 독점적으로 재미 보려던 것이 상대방에게 빼앗겨 실리가 적은 결과가 나오기 쉽다. 무슨 일을 하든지 남이 모르게 은밀히 하라. 소문이 새어 나가면 경쟁자가 생기기 쉽다. 그리고 지나치게 방대하거나 야심이 커서는 안 된다.

⊙ 운세: 좋은 협력자를 얻으면 놀랄 만한 발전이 있다. 대개는 소문만 크고 실속이 적다.

⊙ 연애: 함께 노는 상대로는 재미있지만 진지한 감정이나 원만한 사이는 아니다. 반드시 경쟁자가 있다.

⊙ 결혼: 초혼인 경우 이 괘가 나왔다면 경쟁자가 있어 별로 좋은 결과가 없다. 재혼인 경우는 이루어진다.

45. 뇌풍항(雷風恒)

– 변치 않는 마음, 진목(震木)궁, 동쪽, 정월괘.

⊙ **괘 풀이**: 항(恒)은 오래가다, 그대로 지킨다는 뜻이다. 어떠한 일이든지 종전대로 지속해 나가면 변화는 없으나 현재 상태는 유지할 수 있다. 나쁜 일이 아닌 좋은 일, 즐거운 일이 오래도록 계속되는 괘로, 사업이나 가정생활에 있어서 사고 없이 순탄한 세월을 보낸다는 의미다. 평범한 생활을 바라는 사람에게는 더할 나위 없이 좋은 괘상이다. 지금 환경에 변화가 없어 지루하고, 그래서 새로운 일을 구상해 보려고 하나 그것은 잘못된 생각이다. 그랬다가는 오히려 걱정거리만 생겨 종전의 안일하던 일이 생각나 후회가 막심할 것이다.

⊙ **운세**: 평범한 운이다. 더 이상 확장하지 말고 종전대로 지켜 가라. 그러면 비약적인 현상은 보이지 않더라도 보이지 않는 발전이 있다.

⊙ **연애**: 상당히 오래 지속된 연애로 볼 수 있으며, 서로 무리 없는 관계가 지속된다.

⊙ **결혼**: 결정될 때까지는 상당히 힘이 든다. 서로 해도 그만 안 해도 그만 식으로 적극성이 없기 때문이다. 그러나 이루어지면 좋은 연분이다. 이미 내연 관계에 있거나 후취지만 부부생활을 하고 있는 경우도 있다.

46. 뇌수해(雷水解)

– 눈밭 속의 새싹, 진목(震木)궁, 동쪽, 12월괘.

震 2

解

⊙ 괘 풀이: 해(解)는 풀린다는 뜻이다. 겨울에 꽁꽁 얼었던 것이 풀려 봄이 오는 것과 같다. 혹은 죄수가 무죄 석방이 되거나 형기를 마치고 교도소에서 나오는 형상이다. 즉, 지금까지 동결되었던 어려운 문제가 해소되는 괘다. 이 괘를 얻은 사람은 곤고함에서 벗어나 길운으로 향하고 있다. 사업의 침체, 금전의 궁색 등이 해결되어 마음 놓고 경영해 볼 기회가 온 것이다. 또 서로 간에 있었던 오해가 풀려 화해하게 되는 일도 있는 반면, 계약이나 약속 따위가 해약되어 버리는 예도 있으니 무조건 길한 것만은 아니다. 만일 교도소에 갇힌 사람이 이 괘를 얻었다면 가석방의 특혜를 받아 풀려날 것이다.

⊙ 운세: 해외여행이 가능하다. 골칫덩어리가 풀려 일일 번창하는 아주 좋은 운이다. 오래 묵은 소망사라도 모두 이루어진다.

⊙ 연애: 화려하고 행동적인 연애로 들떠 있는 경우가 많다.

⊙ 결혼: 혼인은 오래 끌면 불리하니 빨리 서둘러야 한다. 오래 끌던 혼담은 성취된다.

47. 뇌산소과(雷山小過)

– 등을 돌린 두 남자, 태금(兌金)궁, 서쪽, 2월괘.

兌 ④

小過

⊙ 괘 풀이: 소과(小過)는 조금 지나치다, 약간 과하다는 뜻으로 무슨 일을 하든지 그 정도가 넘어 해가 된다는 의미이다. 분수 밖의 일을 해서는 안 된다는 것을 가르치고 있다. 자기 능력의 한계를 지켜 위를 쳐다보지 말고 아래를 내려다보며 살아야 편하다는 것을 알려주는 교훈적인 괘다. 또 이 괘는 소인이 불선을 꾀하는 상이니 눈앞의 허욕에 사로잡혀 정도에 어긋나는 일을 꾀하면 크게 낭패할 우려도 있다.

⊙ 운세: 자기 신분이 미치는 능력의 한계를 잘 살펴서 분수를 지키며 겸허하고 순박한 태도로 처신해야 아무런 탈이 없을 것이다. 모든 규모를 줄여 경영하라. 처음에는 약간 곤고함이 있으나 차츰 운이 트여 소정의 목적을 달성할 수다.

⊙ 연애: 서로 의심이 많고 불화한다.

⊙ 결혼: 불길, 이루어지지 않는다. 둘째 부인은 오래간다.

48. 뇌지예(雷地豫)

– 겨울잠에서 깨어나는 동물, 진목(震木)궁, 동쪽, 5월괘.

震 1

豫

⊙ 괘 풀이: 예(豫)는 즐겁다, 준비한다는 뜻이다. 모든 일에 있어 앞으로의 사태를 미리 파악해 충분히 준비해 둔다면 어떠한 일도 어렵지 않게 성취된다. 그리고 오래전부터 쌓아온 노고가 지금 같은 성운에 좋은 거름이 되고 있다.

⊙ 운세: 투기적인 일에는 적당치 못하나 종전부터 준비해 둔 계획이나 사업에는 예상외의 큰 성과를 얻는다. 가정적으로는 득남의 경사가 있을 수 있다. 또 사회에서는 사업의 확장, 주식의 증자 등에도 매우 좋다. 이뿐만 아니라 신규 사업에도 일익 번창할 좋은 기회다. 한 가지 결점이 있다면 여난을 당하여 곤경에 빠질 징조가 있다. 이 점만 주의한다면 마음껏 당신의 포부를 성취해 볼 기회다. 소망하는 일은 이루어진다.

⊙ 연애: 남녀 모두 이성 친구로 지내는 경우가 많다. 이상적인 인생의 파트너다. 이미 깊은 관계인 사랑은 오래 지속된다.

⊙ 결혼: 초혼은 불길로 약간의 말썽이 있으나 결과적으로는 성립한다. 재혼 길.

51. 풍천소축(風天小畜)

- 칼집 속의 보검, 손목(巽木)궁, 동남쪽, 11월괘.

⊙ 괘 풀이: 소축(小畜)은 조금 저축한다, 조금 막아둔다, 기른다는 뜻이다. 이 괘는 좋은 보배가 진흙 속에 묻혀 있어 아직 그 빛을 발하지 못한 상태다. 또한 구름이 비를 가득 싣고 있으나 내릴 듯하면서도 좀처럼 내리지 않는 상태다. 몹시 안타깝다. 그러나 급기야 오고 만다. 불원간 좋은 기회가 온다. 너무 조급하게 서둘러서 쉽게 단념해 버리거나 자포자기해서는 안 된다. 그러면 지금까지 노력이 허무하게 무너지고 만다. 적은 월급이나 조그마한 이익일지라도 착실히 저축하라. 얻으면 얻는 대로 모여 오붓하게 한밑천 마련할 수 있다. 그렇다고 해서 큰 재물이나 큰 성공은 분수에 맞지 않는다.

⊙ 운세: 가정이 불안한 상태다. 친구 간의 우정에도 금이 가지 않도록 조심하라. 소망하는 일은 성립된다.

⊙ 연애: 진행이 잘 안 되어 서로 마음이 울적하다.

⊙ 결혼: 상대편에 까다로운 사람이 있어서 성사되기 어려운 상황이다. 그 문제를 해결하면 성사된다.

52. 풍택중부(風澤中孚)

– 알을 품은 어미 새, 간토(艮土)궁, 동북쪽, 8월괘.

艮 ④

中孚

⊙ 괘 풀이: 중부(中孚)는 성실하다, 믿음직하다는 뜻이다. 정직하고 부지런한 자에게는 대길한 괘다. 성의를 다해 전진하면 대업을 완성할 수 있다. 어미 새와 새끼 새가 서로 부르고 대답하는 상이니, 이쪽에서 뜻을 전하면 상대방에서 쾌히 응해 준다. 특히 사업 경영에 길할 뿐만 아니라 교섭 등에도 매우 길한 괘다. 이 괘는 허가의 신청(특허)에 가장 좋고, 아이디어를 발표한다면 세상에서 인정받을 것이다. 상하가 상응하는 형상이니 남녀가 서로 연모하고 있는 상태다. 그리고 어미 새가 새끼 새를 품은 상이니 자식이 생기는 일도 있다.

⊙ 운세: 원하는 일이면 된다. 특히 당신의 재능을 인정받을 기회가 왔다. 학위 논문 제출, 특허 신청, 아이디어 제공 등에 대길한 수다. 소망하는 일은 노력하면 반드시 이루어진다.

⊙ 연애: 너무 열렬히 연애해 도피하는 경우가 있을 정도다.

⊙ 결혼: 서로 바라고 있으므로 성실히 노력하면 순조롭게 성립된다. 생활력이 없거나 부모가 너무 완강하게 반대하면 죽음의 길을 택하는 경우도 있다.

53. 풍화가인(風火家人)

– 아궁이를 지키는 여인, 손목(巽木)궁, 동남쪽, 6월괘.

巽 2

家人

⊙ 괘 풀이: 가인(家人)은 아내, 가정, 집 사람이란 뜻이다. 이 괘는 외부 일보다 가정에 대해 말해 주고 있는 괘로 온 가족이 합심한 상태다. 그러므로 대체로 순탄하고 잔잔한 운세를 나타내고 있다. 당신은 지금 평온무사한 것에 권태를 느껴 무엇인가 그럴듯한 일을 해보자는 마음이 일렁이고 있다. 그러나 이 괘가 나온 이상 동요하지 말고 고요히 옛것을 지키면서 안정하는 게 좋다. 아직은 활발하게 활동할 시기가 아니다. 집에서 하는 일, 내면적인 일에 대해서는 더할 나위 없이 좋은 괘이지만, 밖에서 하는 일은 대개 불리하다. 그리고 남에게 의뢰하는 일이나 남과 협동하는 일에는 길하다.

⊙ 운세: 평온무사하다. 조그마한 일, 가내 공업 같은 사업에 길하다. 이 괘는 그 발전이 늦으나 차츰 진보하고 있는 운세다. 소망하는 일은 성취된다.

⊙ 연애: 비교적 원만히 진행된다. 그러나 강력한 경쟁자가 나타난다.

⊙ 결혼: 무사히 이루어진다.

54. 풍뢰익(風雷益)

– 공익을 위한 베풂, 손목(巽木)궁, 동남쪽, 7월괘.

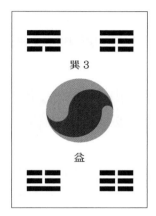

⊙ **괘 풀이**: 익(益)은 더하다는 뜻으로, 흩어진 것이 한곳으로 모이는 상이다. 낮은 곳에서 높은 곳으로 올라가는 형상도 되니 쇠운에서 성운으로 전진하게 됨을 말하기도 한다. 헤어졌던 가족이 한자리에 모이는 상, 또는 봄에 뿌린 씨앗이 열매를 맺어 가을에 수확하는 상이니 지금까지 소모했던 노력과 자본을 알차게 거두어 창고에 차곡차곡 쌓아 두는 등 매우 길한 운이다. 익은 이익을 의미하는 것이지만 그 이익을 위해 우선 손(損)이 있기 마련이다. 그러나 이익을 전제로 하는 손이기 때문에 손이 아니다. 뭇사람에게 따뜻한 인정을 베풀고, 자선사업 등에 투자해 두는 것도 좋다. 당장은 이익이 없으나 그로 인해 성공의 계기가 된다.

⊙ **운세**: 손(損)이 이익으로 변하는 운이다. 이 괘를 얻으면 남에게 받을 돈, 즉 흩어진 재물이 모이는 데 길하다. 소망하는 일은 성립된다.

⊙ **연애**: 서로 의기상합하여 열을 올릴 때다.

⊙ **결혼**: 남성, 여성 모두 좋은 인연이다. 가급적 빨리 결혼이 성사되도록 윗사람이나 선배에게 협조를 구하라. 그러나 너무 떠들썩하고 말이 많으면 성립되지 못할지도 모른다. 재혼인 경우는 불리하다.

55. 손위풍(巽爲風)

– 바람에 날리는 민들레씨, 손목(巽木)궁, 동남쪽, 4월괘.

⊙ 괘 풀이: 손(巽)은 바람으로, 바람은 순종하는 성질이 있고, 또 이리저리 오가는 성질이 있으므로 확고한 주관이 없어 진퇴를 결정하지 못해 방황한다. 하여튼 바람은 부드럽고 순한 성질이 있다. 이 괘의 주인공은 무슨 일이나 독립성이 결핍되어 있다. 그만큼 자신이 없는 것이다. 그렇다고 해서 지능이 부족한 것은 아니다. 지나치게 겸손하고 유순하며, 순종과 양보를 잘하는 성질이기 때문이다. 그러므로 윗사람이나 선배의 의견을 잘 받아들여 착실히 노력하는 사람이다. 또 이 괘는 줏대가 없음을 나타내는 것이기도 하니, 좋지 못한 사람의 감언이설에 넘어가 사기나 기타 손해를 당할 우려도 있다. 이 점을 유의해야 한다.

⊙ 운세: 신뢰할 수 있는 선배의 의견에 따라 성심을 기울이면 좋은 성과를 얻는다. 소망하는 일은 이루어진다.

⊙ 연애: 화려한 연애를 택하면 후회한다. 상대방에게 문제가 있을 수 있다.

⊙ 결혼: 중간에 장애가 있어 이루어지기 어렵다.

56. 풍수환(風水渙)

– 파도를 가르며 달리는 배, 이화(離火)궁, 남쪽, 3월괘.

⊙ 괘 풀이: 환(渙)은 흩어진다는 의미로 순풍에 돛을 단 형태다. 또 초목이 봄바람에 살랑거리는 모습이라 지금까지의 곤란이 해소되고 점차 희망이 닥쳐오고 있다. 이 괘는 바다와 인연이 깊다. 따라서 해운, 또는 항해의 기상이 있어서 주위에 해외무역, 유학 문제 등이 일어날 수도 있다. 이것은 희망의 출항으로 절호의 기회를 뜻한다. 한편 이 괘는 흩어지다, 산란하다는 뜻도 있으므로 굳건하고 확고한 의지가 필요하고, 노력을 소홀히 하면 모처럼의 행운이 전락할 우려도 있으니 조심해야 한다.

⊙ 운세: 지금까지 있던 고난이 사라지고 마치 순풍에 돛단배와 같다. 바쁘기는 하지만 그만큼 보람이 있다. 그리고 당신의 역량을 발휘할 때가 왔다. 그러나 지나치면 손실을 본다. 소망하는 일은 귀인의 기운을 입어 늦게나마 이루어진다.

⊙ 연애: 방해하는 사람이 여러 명 있다.

⊙ 결혼: 이루어지지만 세심한 주의를 기울이지 않으면 방해자가 있어서 안 된다.

57. 풍산점(風山漸)

– 줄지어 날아가는 기러기, 간토(艮土)궁, 동북쪽, 정월괘.

⊙ **괘 풀이**: 점(漸)은 진(進)을 뜻하는 길상으로, 순서에 따라 점차 전진해 나가고 있는 것을 상징한다. 평소 갈고닦아 둔 노력에 보람이 있어 이제부터는 발전 상태로, 장래성이 가장 좋은 괘다. 그러나 경솔함 없이 한 걸음씩 신중을 기해 내딛고 나가야 한다. 한편 이 괘는 여색에 빠져 방탕할 우려도 있다. 그만큼 손실이 있다. 또 이 괘는 작은 것을 쌓아 큰 것을 이룩하는 상태로 시간이 걸리더라도 차근차근 착실하게 나아가다 보면 많은 사람으로부터 선망을 받는 큰 업적을 이룰 수 있다. 해외에 진출하는 운세도 있다.

⊙ **운세**: 서둘지 말고 침착하게 계단을 오르듯이 진행해 나가라. 길운이다. 소망하는 일은 점차 이루어진다.

⊙ **연애**: 남성은 여색에 빠져 물질적, 인격적으로 손해를 볼 수 있다. 여성은 임신의 징조가 있다. 깨끗이 잊는 것도 고려해야 한다.

⊙ **결혼**: 절차를 밟아 추진하면 좋은 인연이 되어 화평한 가정을 이룬다.

58. 풍지관(風地觀)

- 땅 위를 휩쓸고 지나가는 바람, 건금(乾金)궁, 서북쪽, 8월괘.

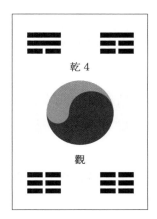

乾 4

觀

⊙ 괘 풀이: 관(觀)은 본다, 살핀다는 의미로 자세히 살펴본다는 뜻이다. 세상의 움직임과 인심의 동태를 잘 관찰해야 한다는 의미다. 이 괘는 땅 위의 큰바람이니 잠잠한 일에 풍랑이 일 징조이기도 하다. 그러나 절대로 나쁜 괘는 아니다. 평소에 덕을 쌓고 겸허한 생활을 해온 사람에게는 더할 나위 없이 좋은 괘상이다. 그러나 남을 업신여기고 모든 것을 자기 위주로 행동해 온 사람이라면 장차 불운을 불러온다. 이 괘를 얻은 사람은 침착성 있게 사물을 관찰하고 주위 환경에도 신경 써 물샐틈없이 처세한다면 뭇사람의 신망을 한 몸에 받아 지위가 확보된다. 또 교육자나 지도적인 입장에 놓여 있는 사람은 뭇사람의 등불이 된다.

⊙ 운세: 덕을 쌓은 군자는 길하고, 소인은 불길하다. 소망하는 일은 이루어진다.

⊙ 연애: 여성이 적극적으로 다가선다. 첫사랑이라면 허무하게 끝날 수 있다.

⊙ 결혼: 상대편 의사에 달렸다. 이쪽에서 원하는 혼사이므로 성이나 불성의 열쇠는 상대편이 쥐고 있는 셈이다.

61. 수천수(水天需)

- 나룻배를 기다리는 사람, 곤토(坤土)궁, 서남쪽, 8월괘.

⊙ 괘 풀이: 수(需)는 기다린다, 기대한다는 뜻이다. 아무리 지혜가 총명하고 재주가 뛰어난 사람일지라도 그 재지의 능력을 윗사람이나 사회 대중에게 인정받지 못하면 아무런 소용이 없다. 천하를 경륜할 만한 자격과 포부가 있을지라도 지금은 시기가 아니니 좀 더 침착하게 덕을 닦고 기운을 기르며 기다려야 한다. 나중에는 반드시 길운이 다가온다.

⊙ 운세: 급히 서둘지 말고 참고 기다려라. 급한 마음에 무슨 일이든 해보려고 하지만 상대는 거들떠보지도 않는다. 그렇다고 해서 한없이 기다려야 한다는 말은 아니다. 늦어도 두 달쯤 뒤면 당신을 돕겠다고 나타나는 귀인이 생기고, 당신의 재능을 인정받는다. 그때가 바로 당신이 일어날 기회이며, 따라서 그때라야 운세도 열린다. 소망하는 일은 속히 이루지 못하지만 천천히 달성해 나가게 된다.

⊙ 연애: 남성은 매력적인 여성이 나타나 들뜨게 된다. 여성이 너무 소극적이면 헤어지는 결과를 초래할 수 있다.

⊙ 결혼: 별로 좋다고는 할 수 없다. 서로 몇 년이고 참고 기다린다는 각오가 없으면 일찍 단념하는 것이 좋다.

62. 수택절(水澤節)

– 연못에 가득 담긴 물, 감수(坎水)궁, 북쪽, 11월괘.

⊙ 괘 풀이: 절(節)은 절제, 절도, 절약을 뜻한다. 지출과 낭비를 줄여 절약하고, 모든 일은 끊고 맺음을 분명히 해야 함을 가르쳐 주고 있는 괘상이다. 이 괘가 나오면 쓸데없는 지출이 많아지게 되는데, 그럴수록 절약해야 하며 금전이나 재물 소모에 주의하지 않으면 곤궁에 빠지기 쉽다. 이 괘를 얻은 사람은 모든 일을 순리로 행해 나가야 한다. 쓸데없는 고집과 만용으로 남들이 하지 않는 일, 남이 싫어하는 일을 했다가는 그야말로 큰 액운이 걷잡을 수 없이 닥쳐올 것이다. 그렇다고 해서 이 괘가 아주 불길한 것만은 아니다. 앞에서 말한 교훈에 주의한다면 아무런 탈도 생기지 않는다.

⊙ 운세: 절도를 지키고 지출을 절약하면 그런대로 현상 유지는 무난하다.

⊙ 연애: 느긋하게 생각하면 사이가 멀어져 버린다.

⊙ 결혼: 속히 성사시키려 하지 않아도 점차 성사된다.

63. 수화기제(水火旣濟)

– 일을 끝낸 뒤의 휴식, 감수(坎水)궁, 북쪽, 정월괘.

坎 3

旣濟

⊙ 괘 풀이: 기제(旣濟)는 이미 성취하였다는 뜻이다. 이 괘의 형상은 물과 불이 서로 잘 교합(交合)된 상이다. 그리고 이 괘는 처음에는 길하고 나중에는 어지러운 징조를 내포하고 있다. 현재는 모든 것에 만족해 흐뭇한 상태이지만, 이처럼 가득 찬 상태는 오래도록 지속하기 어렵다. 그러므로 처음은 성운이지만 뒤에는 쇠퇴하고 어지러워지기 쉽다. 마음의 평정과 자세의 균형을 유지하면서 교만하거나 해이하게 되는 일이 없어야 행운을 유지할 수 있다. 새로운 일에 착수하거나 이 이상 더 큰 성공이나 수확에 욕심을 부리다가는 오히려 그 전보다 못한 결과를 초래할 것이다.

⊙ 운세: 길흉이 상반된다. 현재 환경에서 더 이상의 발전은 없다. 소망하는 일은 성취되지만 그 기쁨이 오래가지 못한다.

⊙ 연애: 선배나 친구의 도움으로 순조롭게 진행된다. 부모의 벽도 무난히 통과한다.

⊙ 결혼: 이루어지지만 혼인 뒤 권태증에 빠지기 쉽다. 서로 노력해 극복하면 부부간 사이는 좋아질 것이다.

64. 수뢰둔(水雷屯)

– 얕은 물의 용, 감수(坎水)궁, 북쪽, 6월괘.

⊙ 괘 풀이: 둔(屯)은 막히다, 고민하다는 뜻이다. 어린싹이 단단하게 굳은 땅을 뚫지 못해 시달리고 있는 형상이다. 지금 당신은 아주 미약한 위치에 놓여 있다. 그러나 사회를 박차고 나갈 기운을 충분히 내포하고 있다. 현재 환경으로 인해 그 재능과 역량을 발휘할 수 없을 뿐이다. 그래서 이를 근심하고 있는 것이다. 지금은 어쩔 수 없는 처지에서 몸부림치지만 결코 희망이 없다고 단념해서는 안 된다. 앞날에는 무한한 광명이 있다. 왜냐하면 당신이 지금 세운 계획은 결코 잘못된 것이 아니며, 장차 좋은 운이 기다리고 있기 때문이다. 어쨌든 현재로써는 매우 고난 속에 있는 것이 분명하다.

⊙ 운세: 현재는 매우 빈약하다. 그러나 대성할 수 있는 저력이 숨어 있으니 결심을 버리지 말고 노력하라. 오랫동안 소망하던 일이 이루어진다.

⊙ 연애: 여성은 속마음을 감추고 있으며, 남성이 여유 있게 분위기를 이끌어 가고 있다.

⊙ 결혼: 늦지만 이루어진다.

65. 수풍정(水風井)

– 나그네가 목을 축이는 우물, 진목(震木)궁, 동쪽, 3월괘.

震 5

井

⊙ 괘 풀이: 정(井)은 우물이다. 우물의 두레박처럼 올라갔다 내려갔다 하는 형상이다. 가득히 고인 물도 두레박이 없으면 퍼 올릴 수 없고, 두레박이 있어도 퍼 올리려는 의욕과 노력이 없으면 안 된다. 마찬가지로 우리네 생활도 무엇을 하고자 하는 의욕과 지혜가 필요하고, 그 일을 해낼 수 있는 여건이 갖추어져 있어야 한다는 것을 알려주고 있다. 이 괘를 얻은 사람은 지금 무슨 일이든 해낼 수 있는 조건이 갖추어져 있다. 다만 성실하게 일에 임하는 자세와 끊임없이 노력하는 것만이 성공할 수 있는 조건이다. 그리고 이 괘는 누군가와 손발이 잘 맞지 않는 형태를 암시하기도 한다. 그런고로 서로 양보하고 이해하고 협동해야만 대성할 수 있다.

⊙ 운세: 누구와 합심이 잘 안 되고 있다. 양보하는 마음으로 이해시켜 협동하도록 하라. 작게 소망하는 일은 이루어진다.

⊙ 연애: 사랑을 위해 헌신적으로 다 바치다가 이제는 다소 지친 상태다.

⊙ 결혼: 거의 다 되어 가는 것 같지만, 결국 안 된다.

66. 감위수(坎爲水)

- 거세고 검은 물살, 감수(坎水)궁, 북쪽, 10월괘.

坎 6

水

⊙ 괘 풀이: 이 괘는 위도 물이요, 아래도 물이다. 마치 포로가 땅굴 속에 갇혀 꼼짝도 못 하는 형상이다. 그러므로 이 괘는 고난이 겹쳐 있음을 의미하는 것으로 현재 아주 어려운 난관에 부딪혀 이러지도 저러지도 못하고 있는 형태다. 운세가 막혀 있는 때이니 일단 모든 일을 중지하라. 조용히 때를 기다리는 마음으로 조심성 있게 처신하는 것만이 이 난관을 무사히 넘기는 방법이다. 이 괘를 얻은 사람은 하찮은 과오가 확대되어 말썽이 된다. 그리고 남의 일에 말려들어 괜한 손실을 가져오는 경우도 있다. 지금이 최악의 경우라면 궁즉통(窮則通), 곧 밝은 때가 오니 고요히 기다려야 한다.

⊙ 운세: 파란을 의미하는 쇠운이다. 움직이지 말고 분수를 지키며 때를 기다려라. 소망하는 일은 이루어지지 않는다.

⊙ 연애: 두 사람의 사랑이 너무 지극하여 인생에서 상처를 남기는 일이 있다.

⊙ 결혼: 인연이 아니고 애써도 성사되지 않는다.

67. 수산건(水山蹇)

– 추위에 꽁꽁 언 발, 태금(兌金)궁, 서쪽, 8월괘.

兌 4

蹇

⊙ 괘 풀이: 건(蹇)은 다리를 절다, 험난하다는 뜻이다. 무슨 일이든 더디고 험난하여 그 진전이 매우 어려운 상태다. 그러니 지금은 몸을 움직일 수 없는 아주 험악한 곤경에 빠져 있다. 나아가지도 물러서지도 못하는 진퇴양난, 움직이면 움직일수록 수렁에 빠져 들어갈 뿐이다. 이 괘를 얻은 사람은 선배나 친구의 협조를 가장 필요로 한다. 그러나 웬일인지 그 협조자가 쉽사리 나타나지 않는다. 오직 참고 견디면서 침착하게 버티어 나가는 것이 최선이다. 또 이 괘를 얻은 경우에는 자금 투자를 요하는 일이 가장 나쁘다. 한번 내놓은 자금은 중도에 거두어들일 수 없는 난처한 입장에 빠지게 된다.

⊙ 운세: 당신의 운은 아주 쇠약해 있다. 무슨 일을 하든지 재미를 보지 못하고, 노력하면 노력한 만큼 손해가 있다. 고요히 있으면서 때를 기다려라. 소망하는 일은 이루지 못한다.

⊙ 연애: 이성 관계가 복잡하면 망신을 당하는 수가 있다.

⊙ 결혼: 방해자가 있어 성사되지 않는다.

68. 수지비(水地比)

- 논을 적시며 흐르는 물, 곤토(坤土)궁, 서남쪽, 7월괘.

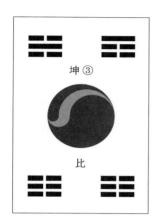

⊙ 괘 풀이: 한 지도자 주변으로 그를 추앙하는 사람이 많이 모여드는 형상이다. 올바른 마음가짐과 신념으로 무리와 화친하며, 겸손하고 관대한 도량으로 여러 사람을 대하면 자연히 당신 인격에 감화되어 많은 사람이 협조할 운세다. 그러면 대지대업(大志大業)을 완성할 수 있다. 이 괘는 공동의 기운을 빌려 사업을 성취하는 상이다. 한 가지 목적을 위하여 뭇사람이 협력하면 그 누구도 경쟁자가 되지 못한다.

⊙ 운세: 당신이 노력한 만큼 인정받는다. 여러 사람의 기운을 빌려 하는 일이면 대체로 순조롭다. 훌륭한 인격자라면 공동 사업이나 협동 사업을 추진해 나가면 대길하다. 소망하는 일은 이루어진다.

⊙ 연애: 남성이라면 이성 관계가 복잡하겠으며, 여성이라면 한 남성을 둘러싸고 경쟁이 심할 때다. 평화로운 가운데서도 경쟁자가 많아 매일 분주한 나날을 보내야 한다.

⊙ 결혼: 좋은 인연이니 놓치기 전에 서둘러라.

71. 산천대축(山天大畜)

– 쌀이 가득 쌓인 창고, 간토(艮土)궁, 동북쪽, 12월괘.

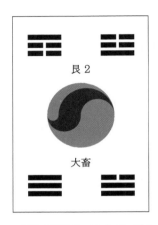

⊙ 괘 풀이: 대축(大畜)은 크게 쌓는다, 크게 기른다는 뜻이다. 작은 것이 하나하나 모여 결국 큰 것이 된다. 지금까지 노력한 보람이 알차게 결실을 맺는 격으로, 마치 봄에 씨앗을 뿌리고 가꾼 곡식이 가을에 풍년으로 산처럼 쌓인 형상이다. 또 시냇물이 사방에서 흘러들어 저수지에 물이 가득 차 있는 것과도 같은 상이다. 그러나 지금 당장은 모으고 쌓는 과정에 있다. 그러므로 노력도 중요하고 그것을 쌓아 놓는 관리도 철저하게 해야 한다. 만일 군자가 이 괘를 얻었다면 겸손과 인의로 쌓은 덕이 세상에 알려지게 되고, 뭇사람의 추앙으로 상당한 위치에 도달할 기회가 올 것이다.

⊙ 운세: 먼저는 곤고하고 뒤에는 대길하다. 점차 발전하는 상태다. 소망하는 일은 이루어진다.

⊙ 연애: 서로 친밀한 관계로 발전하기까지 오랜 시일이 걸리지 않는다.

⊙ 결혼: 좋은 인연으로 이루어진다.

72. 산택손(山澤損)

− 희생과 봉사, 간토(艮土)궁, 동북쪽, 7월괘.

艮 3

損

⊙ 괘 풀이: 손(損)은 손실을 의미한다. 그러나 그것은 더 큰 이익을 가져오는 것을 상징한다. 초곤후태(初困後泰)의 괘이다. 괘상에서 말하고 있는 것처럼 땅을 파서 물을 구하고, 흙을 쌓아 산을 만드는 상이므로 무슨 일이든 성취하는 과정에 있어서는 많은 노력과 시일이 걸리지만, 결국 보람 있는 큰일을 달성한다. 또 뒷날의 이득을 위해 상대방을 즐겁게 해주는 것이므로 우선은 손(損)이지만, 뒤에 몇 배의 이익이 되어 되돌아오는 것을 의미한다. 이 괘를 얻은 사람은 자본의 투자, 보험 가입, 적금 등에 매우 좋다. 계약 등도 지금 당장은 신통치 않은 것 같으나 뒤에는 의외의 성과를 거둔다.

⊙ 운세: 결혼에 가장 좋은 운이다. 당신의 여유 있는 시간을 헛되이 보내지 말고 남을 위해서라도 성심껏 협력하면 결과는 예상외로 좋다.

⊙ 연애: 험난한 고갯길을 넘으니 절벽이 앞을 가로막는 형상이다. 다른 인연을 찾아보는 것이 좋다.

⊙ 결혼: 좋은 인연을 만난다. 대길하다.

73. 산화비(山火賁)

– 저녁노을에 물든 산, 간토(艮土)궁, 동북쪽, 11월괘.

⊙ 괘 풀이: 비(賁)는 꾸미다, 장식하다는 뜻이다. 속임수도 내포하고 있다. 그러므로 이 괘를 얻은 경우는 남의 감언이설이나 속임수에 넘어가지 않도록 주의해야 한다. 미혼인 경우 남녀를 막론하고 혼담이 생긴다면 상대는 거짓투성이다. 이러한 괘상을 얻었다면 아예 혼담을 그만두라. 그리고 이 괘는 영도자의 위치에 올라 군림하는 데 매우 좋은 운이다. 당신이 그럴 만한 자격을 갖추었다면 이 기회에 뭇사람의 추앙을 받아 그러한 지위에 오르게 될 것이다. 이 괘는 또 예술 방면에 대길하다. 영화인, 텔런트, 무용인, 가수, 기타 예능 방면에 종사하는 자는 인기가 상승한다. 사업 경영이나 대인 관계에 있어서는 허세나 겉치레로 위장하지 말고 내용의 충실과 실력 배양에 힘쓰도록 해야 한다.

⊙ 운세: 사기당할 우려가 있으니 조심하라. 명예나 인기를 얻으려는 사람에게는 가장 좋다. 소망하는 일이 분수에 맞는다면 이루어진다.

⊙ 연애: 친구로 인해 교제가 중단되는 일이 생길 수 있다.

⊙ 결혼: 이루지 못한다. 피차간에 속이는 게 많다. 만약 허위가 없다면 이루어진다.

74. 산뢰이(山雷頤)

– 숲 속에 깃든 새, 손목(巽木)궁, 동남쪽, 8월괘.

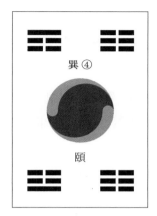

巽 ④

頤

⊙ 괘 풀이: 이(頤)는 턱, 기르는 것을 상징한다. 또 음식, 언어 등 턱에 관계되는 것이다. 음식을 잘못 먹어 신체에 장애가 생기기 쉽고, 말을 조심하지 않아 재난을 초래할 우려도 있다. 겉으로 보아 무사태평한 듯하지만 내면에는 고민이 많은 형상이다. 그러나 결코 나쁘기만 한 것은 아니다. 곧 잘못을 깨닫고 매사를 다시 정돈하거나 가다듬는 등 재기를 위해 충분히 준비한 상태이기도 하니, 머지않은 시일에 호운을 맞이할 것이다. 그러므로 장래의 성장을 위해 준비하라. 자기가 할 일이 무엇인가를 생각하고, 자신의 분수에 맞는 일에 성실하게 노력하며 때를 기다려라. 그러면 윗사람이나 아랫사람이 협력하거나 도와줄 것이다.

⊙ 운세: 만일 당신이 현재 실업 중에 있으면서 이 괘를 얻었다면 머지않아 배를 채울 만한 직업이 생길 것이다. 소망하는 일은 기대에 미치지 못하지만 이루어진다.

⊙ 연애: 마음으로 의기투합한 커플이다. 여성의 경우 날이 갈수록 더 깊은 애정에 빠진다.

⊙ 결혼: 성사된다. 그러나 결혼 후 경제적인 어려움을 당한다.

75. 산풍고(山風蠱)

– 바람 든 무, 손목(巽木)궁, 동남쪽, 정월괘.

⊙ 괘 풀이: 고(蠱)는 일하다, 품팔이하다, 벌레 먹는다는 뜻이다. 이 괘를 얻은 사람은 현재 심신이 많이 피로해 있다. 뜻밖의 어려운 일과 복잡한 환경에 처해 있어 고민이 많은 상태다. 점점 좀먹어 들어가는 형상으로 사업의 부진, 재물의 손해 등으로 인해 불안과 위험을 지닌 아주 불길한 괘다. 이 괘를 얻은 사람은 외부 사람보다 집안사람을 특히 조심해야 한다. 믿고 맡긴 사람이 배신해 내 재산을 야금야금 갉아먹는다. 만일 여성이 이 괘를 얻었다면 특히 정조를 지키는 일에 조심하라. 상대는 결혼을 빙자한 간음을 시도하려 한다. 자칫 유혹에 넘어가면 돌이킬 수 없는 결과를 초래하기 쉽다.

⊙ 운세: 아주 쇠운이다. 움직이면 움직일수록 손해이고, 재산이 좀먹듯이 줄어든다. 소망하는 일은 이루지 못한다.

⊙ 연애: 상당히 깊은 관계에 있다. 여성의 경우 애정 문제로 고민이 깊은 상태다.

⊙ 결혼: 상대가 딴 곳에 마음이 있어 여의치 못하다. 이제까지 정절하게 살아오던 미망인에게 젊은 애인이 생겼을 때 이런 괘가 나온다. 미혼 여성에게 이 괘가 나왔다면 이미 깊은 관계에 있는 사이로, 새삼스럽게 이별할 수도 없고 결혼할 수도 없는 복잡한 상태다.

76. 산수몽(山水蒙)

– 길 잃은 어린이, 이화(離火)궁, 남쪽, 8월괘.

⊙ 괘 풀이: 몽(蒙)은 어리다, 어리석다, 어리석음을 일깨운다는 뜻이다. 현재로썬 만사만물이 어둡지만 곧 광명한 때가 오고 있음을 내포한다. 당신은 지금 일의 마무리에 갈피를 잡지 못하고 있다. 평소에 밝은 지혜를 가지고 있어도 쇠운을 만나면 누구나 밝은 지혜가 떠오르지 않는다. 냉철하게 판단해 처리할 능력이 상실되어 있으니 선배, 상사, 또는 친구에게 지도를 받거나 순응하면 앞으로 발전을 기할 수 있다. 현재 당신은 어둡고 답답하기만 하다. 처음 시작하는 사업이나 소년의 장래를 위해 점친 경우 이 괘가 나왔다면 장차 대성할 좋은 괘다.

⊙ 운세: 급히 서두르지 말고 선배의 의견에 따르라. 어린싹이 차츰차츰 자라나듯이 장래가 크게 기대된다.

⊙ 연애: 애정 공세가 적극적이다. 남녀 모두 천천히 사귀는 것이 좋다.

⊙ 결혼: 이루지 못한다. 중간에 마음이 변했다.

77. 간위산(艮爲山)

– 첩첩산중, 간토(艮土)궁, 동북쪽, 4월괘.

艮 6

山

⊙ 괘 풀이: 간(艮)은 정지한다는 뜻이다. 두 개의 산이 중첩되어 있어 나아가려고 해도 나아가기 어려운 답답한 상태다. 이러한 상태에서 무리하게 나아가려 하다가는 발이 부르트거나 미끄러져 더욱 곤경에 처한다. 이 괘를 얻은 사람은 지금 난관에 봉착해 있다. 능력은 없고 앞으로 해야할 일은 태산 같다. 산은 넘어야겠고, 급히 넘으려니 기진맥진이다. 그러므로 이러한 입장에 놓은 경우엔 전진을 일단 중지하고 역량을 충분히 기른 뒤 다시 등정해야 한다. 착수하려던 일은 당분간 손을 떼고 후원자가 나올 때까지 기다려야 한다. 억지로 하다가는 이것도 저것도 놓치고 마는 결과를 초래할 뿐이다.

⊙ 운세: 당분간 전진할 수 없는 운세에 처해 있다. 소망하는 일은 될 듯하지만, 결국 이루지 못한다.

⊙ 연애: 여성의 경우 결혼할 때까지 순결을 지킨다. 서로 싸우더라도 감정이 쉽게 풀어진다.

⊙ 결혼: 지금 말하는 곳은 되지 않는다.

78. 산지박(山地剝)

– 마지막 잎사귀, 건금(乾金)궁, 서북쪽, 9월괘.

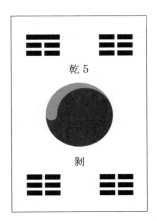

⊙ 괘 풀이: 박(剝)은 깎다, 벗긴다는 뜻이다. 태산이 점점 무너지고 깎여 그 형태가 볼품없이 일그러지고 줄어든다는 의미의 괘다. 이 괘가 나온 경우에는 사업 확장보다는 현상 유지에 전념해야 한다. 사실상 확장 문제는 생각해 볼 겨를도 없을 것이다. 당신이 만일 직장에 있는 경우라면 소인의 무리가 당신 자리를 탐내 모략, 중상을 꾀하고 있다. 그러나 지금 운이 쇠하는 만큼 이들과 맞서 싸운다는 것은 무리다. 한 걸음 물러서서 양보하는 아량을 베푸는 것만이 불행을 막는 최선의 길이다. 모든 일에 있어 충분히 사전 조사를 해 대책을 세우지 않으면 크게 낭패한다.

⊙ 운세: 쇠운이다. 이익을 생각하기보다 손실을 먼저 막는 게 급하다. 현재로써는 소망하는 일을 단념하는 게 편하다.

⊙ 연애: 남성은 유혹당하기 쉽고, 여성은 남성에게 속거나 연적으로 인해 질투심이 생긴다.

⊙ 결혼: 초혼은 이루어지지 않고, 재혼은 이루어진다.

81. 지천태(地天泰)

- 순풍에 돛단배, 곤토(坤土)궁, 서남쪽, 정월괘.

⊙ 괘 풀이: 태(泰)는 크다, 편안하다, 통한다는 뜻이다. 매사가 안정되어 있는 상태다. 64괘 가운데 가장 이상적이고 대길한 괘다. 하늘과 땅이 합심하여 만물을 양육함으로써 땅에는 백곡이 풍성하고 만인은 배부르다. 계절은 따뜻하고 땅은 풍요로우니 그야말로 태평 시대다. 이 괘를 얻은 사람은 순풍에 돛을 단 격으로 모든 일이 순조롭다. 너무 순조롭기 때문에 자칫 방심해 실패하는 수도 없지 않으니, 이 점만 주의하면 일사천리로 나가는 대길한 운이다. 만일 불화한 가정에서 이 괘가 나왔다면 당장 가정이 화평해져 행복한 삶을 누릴 것이다.

⊙ 운세: 막힘이 없다. 천우신조의 최상 운이니 망설이지 말고 대지대업을 착수해 나가면 좋은 성과를 얻는다.

⊙ 연애: 호기심이 많고, 분위기를 많이 생각하며 사귄다. 분위기에 젖어 성적인 문제로 어려움을 겪을 수 있다.

⊙ 결혼: 순조롭다. 다소 지체되지만 길하다.

82. 지택림(地澤臨)

- 깊이 뿌리 내린 나무, 곤토(坤土)궁, 서남쪽, 12월괘.

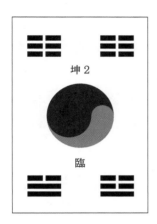

坤 2

臨

⊙ 괘 풀이: 임(臨)은 순서를 밟다, 군림한다는 뜻이다. 이 괘는 어떤 자리에 군림함으로써 명성을 떨치는 상이다. 전후좌우가 모두 당신의 벗이다. 그러므로 당신이 원하는 일이라면 스스로 와서 협조를 아끼지 않을 것이다. 따라서 이 괘는 작은 것을 쌓아서 큰 것을 이루는 형상으로 점차 성운으로 약진하고 있다. 반면 매우 바쁜 때이기도 하다. 교제가 많고 출입이 빈번하여 약간의 심신 피로는 있으나 활동하면 할수록 좋은 성과를 얻는다. 이 괘를 얻은 사람이 국회의원이나 남의 추대를 받아 군림하는 일을 하면 더욱 길하다.

⊙ 운세: 운이 왕성하니 모든 일에 적극적으로 활동하면 원하는 일은 거의 성공을 이룬다.

⊙ 연애: 여성의 경우에는 남성들의 유혹이 많아 난처하다. 또한 혼전에 동거하기 쉽다.

⊙ 결혼: 두 번, 세 번 열심히 진행해야 성립된다. 좋은 인연이다.

83. 지화명이(地火明夷)

– 땅속에 잠긴 태양, 감수(坎水)궁, 북쪽, 8월괘.

坎④

明夷

⊙ 괘 풀이: 명이(明夷)는 태양의 빛이 땅속으로 들어간 상태이므로 밝은 빛이 어둠 속에 감추어졌다는 뜻이다. 광명에서 암흑으로 접어들고 있으니 성운에서 쇠운으로 기울고 있다. 현실에 만족해 아무런 준비도 안 하고, 자신의 역량만 믿고 게으름을 피우다가는 일락천장의 패배를 맛보게 된다. 이 괘를 얻은 사람은 일단 한 걸음 양보해서 덕을 쌓는 과정에 임해야 한다. 왜냐하면 모든 여건이 당신에게 불리하게 돌아가고 있기 때문이다. 이런 경우 바보처럼, 그리고 유순하고 겸손하게 처신하며 내일을 위해 내면의 충실을 차분히 채우는 게 좋다. 그러나 학문의 연구, 시험 준비, 남의 눈에 띄지 않는 일 등에는 좋은 운세가 나타난다.

⊙ 운세: 흥진비래(興盡悲來)다. 지금까지 좋았던 일, 번창하던 사업, 절정에 이르렀던 인기가 점점 쇠퇴해 가고 있다. 한 발자국 물러서서 때를 기다려라. 소망하는 일은 이미 늦었으니 다음 때를 기다려라.

⊙ 연애: 좋은 인연이 아니니 행운을 기대하지 마라.

⊙ 결혼: 인연이 아니니 기대해서는 안 된다. 만약 인연이 되었더라도 불원간 파국이 온다.

84. 지뢰복(地雷復)

– 다시 돌아온 봄기운, 곤토(坤土)궁, 서남쪽, 11월괘.

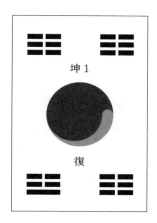

⊙ 괘 풀이: 복(復)은 다시 한다, 돌아온 다, 회복한다는 뜻이다. 원위치로 되돌아온 다는 의미의 괘상이다. 온 만물이 얼어붙어 꼼짝을 못 하던 상태에서 따스한 봄이 돌 아오면 모든 게 풀리듯이, 현재까지 괴롭고 암담한 환경에 처해 있던 사람이 즐겁고 광명한 운으로 돌아오는 상태다. 그러므로 지금 당장은 고통과 번민이 많더라도 성실 하게 참고 노력하면 곧 남의 도움으로 점차 성운으로 향하게 됨을 가 르쳐 주고 있다. 특히 이 괘는 고향을 떠나 타향에서 방황하는 사람에 게 좋다. 숱한 시련과 고통을 참으면서 노력한 보람으로 세운 뜻을 이 루고, 득의양양하게 금의환향하는 형상이다. 반대로 성운인 경우에는 쇠운으로 돌아간다.

⊙ 운세: 노력한 보람이 있다. 차츰 대운으로 향하고 있으니 만사여 의하다. 모든 일이 순조롭게 이루어진다.

⊙ 연애: 헤어지더라도 다시 사귀게 될 가능성이 있다.

⊙ 결혼: 시일을 오래 끌지만 결국 이루어진다.

85. 지풍승(地風升)

– 하늘로 솟구치는 바람, 진목(震木)궁, 동쪽, 8월괘.

⊙ 괘 풀이: 승(升)은 오른다는 뜻이다. 땅속에 있는 새싹이 점점 지상으로 올라오는 것을 상징한다. 관직의 승진과 젊음을 의미한다. 입신출세를 원하는 사람에게 가장 길하다. 처음에는 보잘것없는 미관말직이나 점차 그 재능이 인정되어 승진한다. 사업 면에서도 적은 자본으로 시작해 거부가 되는 운세다. 그러나 투기사업이나 도박성을 띤 일에는 좋지 않다. 한꺼번에 큰 효과를 거둔다는 것은 마치 어린싹이 빨리 자라도록 손으로 잡아당기는 것과 같은 이치로, 큰 무리다. 차근차근 견실하게, 끊임없는 노력으로 일의 전진에 기운을 써야 한다. 이 괘의 주인공이 여성이라면 매우 좋은 괘다. 처녀는 배우자를 만나고, 부인이면 임신한다.

⊙ 운세: 어린싹이 자라듯이 차츰 전진해 나간다. 머지않아 승진, 승급이 있다. 무슨 일이건 전진함이 좋고 후퇴하면 불길하다. 소망하는 일이 분수에 맞는다면 모두 이루어진다.

⊙ 연애: 그다지 심각하지 않고 다소 바람기가 있는 사귐이다.

⊙ 결혼: 좋은 인연으로 이루어진다. 젊고 신혼 초기 여성이라면 종자가 싹을 틔우는 것이니 임신 초기라고 할 수 있다.

86. 지수사(地水師)

- 전쟁터 지휘관의 고뇌, 감수(坎水)궁, 북쪽, 7월괘.

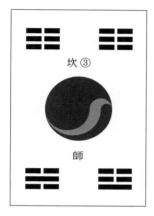

⊙ 괘 풀이: 사(師)는 용감하게 싸우는 장수를 의미한다. 무인이 싸움터로 보무당당하게 군졸을 거느리고 나아가는 상이다. 전쟁에는 숱한 곤고함과 위험이 있듯이 지금 당신에게도 마찬가지다. 그러므로 기밀이 새지 않도록 단속하고, 충분한 작전 계획으로 싸움에 임해야 필승한다는 것은 두말할 나위도 없다. 당신에게 지금 그러한 지혜와 능력은 인정되고 있다. 마음 같아서는 일거에 일을 성취하고 싶을 것이다. 그러나 세상일이란 그렇게 호락호락 뜻대로 되는 것이 아니다. 용기와 의욕만 가지고는 패배의 고배를 마신다. 이 괘를 얻은 사람이 한층 더 치밀하게 부하나 참모의 뜻을 받아들여 일에 임한다면 대성한다.

⊙ 운세: 운세가 매우 강하다. 반면에 위험도 같이 따른다. 어쨌든 많은 사람의 우두머리가 되어 입신할 기회가 온 것이다. 소망하는 일은 급하게 되지 않지만 시일이 지나면 이루어진다.

⊙ 연애: 정사 방면에서는 남성 교제가 대단히 심할 정도로 정열적이다.

⊙ 결혼: 초혼은 방해자와 경쟁자가 있어서 어렵다. 재혼은 이루어진다.

87. 지산겸(地山謙)

- 고개 숙인 벼 이삭, 태금(兌金)궁, 서쪽, 9월괘.

⊙ 괘 풀이: 겸(謙)은 한 걸음 양보, 즉 겸양함이 상책임을 일러주는 괘다. 이 괘의 주인공은 이제 한 걸음 물러서야 할 때가 왔다. 고집부리며 계속 이전의 상태를 유지하다가는 소인의 모략과 시기로 인해 누명을 쓰거나 명예를 손상할 우려가 있다. 이 괘가 나오면 자기가 하던 일을 적당한 사람에게 맡기고 한 걸음 물러서서 쉬는 것이 안정을 지키는 길이다. 그러다가 적당한 시기가 오면 다시 나아가야 한다. 특이 이 괘는 송사에 나쁘다. 당신이 아무리 바르다고 해도 그것을 뒤집는 위증이 나온다. 정신적, 물질적으로 다소 손해가 있더라도 일단은 양보하고, 인색한 인상을 남에게 주지 말아야 한다.

⊙ 운세: 모든 일에 겸양하고 물러설 때다. 잠시 쉬었다가 다음 기회를 기다려라. 소망하는 일은 남의 협력을 얻으면 이루어진다.

⊙ 연애: 한 남성이 많은 여성에게 둘러싸여 있다. 성실하기는 하지만 여성 관계만큼은 장담할 수 없다.

⊙ 결혼: 장애가 있어 잘되지 않는다. 손윗사람에게 부탁하면 해결될 수 있다.

88. 곤위지(坤爲地)

– 순한 암소, 곤토(坤土)궁, 서남쪽, 10월괘.

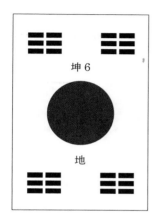

⊙ 괘 풀이: 지(地)는 땅을 상징한다. 만물이 생장하는 무한한 기운을 가진 대지는 항상 하늘 아래 있고, 하늘에 순응함으로써 천지는 대사를 성취한다. 이 괘는 성실하게 윗사람을 섬기는 상이다. 그러므로 남의 밑에서 불평 없이 상사를 보좌하면 상하가 화합하게 되고 윗사람은 충분한 혜택을 내린다. 현재는 약간 곤고함 속에 있다. 그러나 봄을 맞이하는 초목처럼 머지않아 영광된 날을 맞이한다. 그러면 당신 가정에도 웃음꽃이 활짝 필 것이다.

⊙ 운세: 부지런하고 끈기 있게 노력하면 곧 윗사람에게 성실성이 인정되어 길한 운에 도달한다. 당신이 노력할 기회는 많다.

⊙ 연애: 서로 상처를 입거나 손해를 보게 되는 사귐이다.

⊙ 결혼: 서두르지 않아도 자연히 이루어진다. 서두르면 오히려 이루어지지 않는 수가 있다.

제 **7** 장

활용 실례

태극타로 점단은 64괘 가운데 뽑은 괘의 상의에 따라 그 의미를 파악한다. 뽑은 괘의 본괘에서 변하는 효가 없는 괘를 주체괘로 정하고, 상대괘와 중간괘와 변한괘를 객체괘로 삼아 주체괘와 객체괘의 오행 관계를 비교해 길흉을 판단하는 것이다. 괘를 판단하는 방법은 소강절의 『매화심법』과 동일하다. 태극타로의 활용 방법에 대한 이해를 돕기 위해 소강절의 『매화심법』 실례를 작괘법과 함께 소개한다.

1. 매화점

어느 진(辰)년 12월 17일 신(申)시, 겨울 해가 저물어 갈 무렵이었다. 바람이 없어 따뜻한 기운이 감도는 저녁, 소강절은 정원에 있는 매화나무를 바라보고 있었다. 그때 무슨 영문인지 매화나무 가지에서 놀던 참새 두 마리가 갑자기 싸움을 시작하더니 두 마리 모두 땅에 떨어지는 것이었다.

소강절은 가만히 그것을 보고 있다가 '움직이지 않는 것은 점하는 계기가 없는 것이며, 원인이 없는 것은 점하는 기운이 생기지 않는다. 그런데 지금 참새 두 마리가 싸워서 땅에 떨어졌다는 것은 괴이한 일이다. 반드시 이 매화와 관련해서 무슨 문제가 일어날 것이 틀림없다. 이것으로 점을 한 번 쳐보자.'라고 생각했다. 괘를 만들어 점을 친 소강절은 다음과 같이 말했다.

"내일 인근에 사는 소녀가 우리 집 정원에 매화나무 가지를 꺾으러 오는데, 그때 정원에서 작업하던 남자 하인이 큰소리로 화를 낼 것이다. 그 소녀는 깜짝 놀라 나무에서 떨어져 다리를 다칠 것이 틀림없다. 그런 일이 일어나지 않으면 좋을 텐데."

이어 소강절은 부인에게 이렇게 당부했다.

"내일 저녁에 여자아이가 우리 정원에 매화나무 가지를 꺾으러 올

것인데, 결코 놀라게 해서는 안 되오. 남자 하인에게도 잘 당부해 두어야 하오."

과연 그다음 날 저녁, 정말 인근에 사는 소녀가 매화나무 가지를 꺾으러 왔다. 그런데 소강절의 당부가 전해지지 않았던 것일까, 아니면 남자 하인이 흘려들었던 것일까. 남자 하인은 큰소리로 마음껏 화를 냈던 것이다.

"야! 너, 거기서 뭐 하고 있는 거냐!"

"앗!"

놀란 소녀는 그만 매화나무에서 떨어지고 말았다. 다행히도 나무 아래 마른 가지를 쌓아놓은 곳에 떨어져 큰 충격은 피할 수 있었지만, 그 마른 가지에 소녀의 허벅지가 찔리고 말았다. 집안에 큰 소란이 일어났고, 소강절도 뛰어나왔으나 이미 사건이 벌어지고 난 뒤였다.

"어쩌지…… 내 당부를 지켰더라면 좋았을 텐데……."

소강절은 사건을 미연에 막지 못한 것을 매우 안타까워했다.

이것이 이 세상에 명성이 자자하게 된 '매화점'의 유래다. 『매화심역』, 또는 『매화역수』라고 하는 이름의 유래도 여기에서 비롯되었다고 전한다. 그러면 소강절은 어떻게 해서 그렇게 점단할 수 있었을까? 실제 괘를 통해 그 추리를 따라가 보기로 하자.

소강절은 이때 괘를 만들기 위한 자료를 물건이 아닌 그 순간의 시각을 사용했다. 주역, 타로 등 동서양을 불문하고 대부분의 점술에서는 '점을 하는 순간에 답이 나온다.'라고 생각한다. 그 순간에 알고 싶은 미래가 나타난다고 생각하는 것이다. 사람의 일생을 점하는 우리나라의 대표적인 미래학 '사주 명리학'이나 서양의 '점성술' 등은 그 사람의 '태어난 순간'이란 시각을 사용한다. 태어난 순간의 기운에 앞으로 전개되어 나갈 그 사람의 인생이 모두 응축되어 있다고 생각하는 것이다.

사주 명리학처럼 예측하는 기간을 일생에 두면 운명술이 되고, 짧은 시점에 두면 한 가지 사건을 예측하는 점술로 이용되는 것이다. 시간 점술은 몇 시 몇 분에 출발한 기차가 몇 시간 몇 분 후에 어느 역에 도착할지 결정되어 있는 것과 같은 이치다. 사람의 운명은 기차처럼 예정된 시간표대로 움직이는 것은 아니지만, 점술은 운명이란 열차가 언제 어느 역에 도착하는가를 해석하는 것이다.

매화심역 또한 시간을 통해 앞으로 일어날 일을 점단하는 방법을 사용하고 있다. 즉 연월일시의 수를 활용해 괘를 만드는 방법을 사용하는데, 먼저 연월일의 수를 합해 윗괘를 만들고, 그다음으로 연월일을 합한 수에다 시를 합해 아랫괘를 만든다.

위에서 예로 든 소강절의 매화점은 점단할 때가 진(辰)년이다. 그래서 지지를 순서대로 세면 5번째에 해당하므로 5를 취하고, 12월은 그대로 12를 취하고, 17일도 그대로 17을 취한다. 이 연월일의 수를 모두 더하면 5+12+17=34가 되는데, 이를 괘의 수 8로 나눈 다음 나머지로 괘를 정한다. 나머지가 없을 경우에는 8로 한다. 34를 8로 나누면 2가 나머지고, 2에 해당하는 괘는 태금(☱)으로 윗괘가 된다.

다음에는 연월일을 합한 수에다 시의 수도 더한다. 신(申)을 십이지 순서대로 세면 9번째가 되므로 신(申)시의 수는 9가 된다. 그래서 34+9=43이 되고, 43을 8로 나누면 나머지는 3이 된다. 3에 해당하는 괘는 이화(☲)이고, 이를 아랫괘로 삼는다.

따라서 윗괘 태금은 주체괘가 되고 아랫괘 이화는 상대괘가 되어, 본괘는 택화혁(☱☲)이 된다.

다음으로는 변화를 알기 위해 변하는 효를 정하는데, 그 방법은 연월일시를 합한 수를 6으로 나누는 것이다. 6으로 나누는 것은 하나의 괘에 6개의 효가 있기 때문이다. 43을 6으로 나누면 나머지는 1이 된다. 나머지가 없으면 6으로 한다. 따라서 첫효가 변하는 효가 되고, 이 변하는 효의 음양을 바꾸면 변한괘가 된다.

그래서 본괘는 택화혁괘이고, 변한괘는 본괘의 첫효가 양에서 음으로 변한 택산함(☱☶)괘가 된다. 중간괘는 본괘 택화혁괘의 3효부터 5효까지가 건금(☰), 2효부터 4효까지가 손목(☴)이므로 천풍구(☰☴)괘가 된다.

▶ **택화혁괘의 중간괘와 변한괘**

본괘(택화혁)	중간괘(천풍구)	변한괘(택산함)
☱ 태금(주체괘)	☰ 건금	☱ 태금
☲ 이화(상대괘, 첫효가 변하는 효)	☴ 손목	☶ 간토(본괘의 첫효가 변함)

따라서 이 괘는 주체괘 태금(兌金)이 상대괘 이화(離火)로부터 제압을 당하고 있는 상태다. 또 중간괘에 있는 손목(巽木)은 상대괘 이화(離火)를 위해 기운을 줌으로써 주체괘를 제압하는 이화(離火)의 힘이 왕성하게 된다. 그리고 괘의 의미에서는 태금을 소녀로 보기 때문에 '소녀가 무언가로부터 피해나 손해를 당한다'고 판단한 것이다.

여기서 괘를 다시 보면 중간괘의 아랫괘 손목(巽木)이 윗괘의 건금(乾金)으로부터 제압을 당하고 있다. 중간괘는 일이 되어 가는 과정을 나타내므로 소녀가 어디를 다치는가, 하는 부분에서는 손목(巽木)이 상처를 입는다고 본 것이다. 손목(巽木)은 인체의 허벅지를 나타내기 때문에 '소녀가 허벅지를 다친다'고 판단한 것이다.

결과를 나타내는 변한괘 간토(艮土)는 주체괘 태금(兌金)에 기운을 주는 토생금이므로 '소녀는 상처를 입을 뿐 죽는 일은 없다'고 판단한 것이다.

그런데 이런 판단으로 많은 사람이 의아하게 생각할 수 있는 것은 태금(兌金)에 여러 가지 의미가 있는데 어째서 소녀로 결정했는가 하는 점이다. 소강절의 판단 계기와 대상은 어디까지나 '매화나무'였으므로 매화나무와 관련된 태금(兌金)의 의미를 생각하다가, 소강절은 인근에 소녀가 있다는 것을 알고 주위 상황과 경험을 활용해서 그런 판단을 내렸을 것이다.

역점의 점단은 단순히 괘상에만 한정된 것이 아니라 점하는 순간 눈에 들어오는 것, 귀에 들리는 것, 마음의 느낌까지도 재료로 활용해 폭넓게 판단해야 한다는 것이 소강절의 가르침이다. 태극타로 또한 이와 크게 다르지 않다. 기본에 충실하면서 폭넓게 응용하는 운용의 묘를 배워 나가야 할 것이다.

2. 질병점

『매화심역』 원전을 보면 어떤 사람이 소강절에게 질병 점단에 관해 '어떻게 판단해야 합니까.'라고 질문하고, 거기에 소강절이 답하는 형태가 기록되어 있다. 그 내용을 소개한다. 여기서 뽑은 괘는 모두 천지부(天地否)괘이며 변하는 효에 따라 판단을 달리하고 있다.

문: 건(乾)이 윗괘(上卦)이고 곤(坤)이 아랫괘(下卦)인 경우, 즉 '천지부'의 첫효가 변하는 것으로 나왔을 때 질환의 점단은 어떻게 내려야 합니까?

소강절: 천지부괘의 변하는 효가 첫효일 때는 주체괘는 윗괘 건금이 되고, 상대괘는 곤토(坤土)가 된다. 그래서 상대괘가 주체괘를 위해 기운을 주는 형태가 된다. 그리고 상대괘 곤토(坤土)의 첫효가 변할 경우 변한괘는 진목(震木)이 되므로, 건금(乾金)은 진목(震木)을 제압해 주체괘는 다치지 않는다. 또 중간괘를 보면 윗괘가 손목(巽木)이며, 아랫괘는 간토(艮土)가 된다. 이것은 손목(巽木)을 주체괘가 제압하고 간토(艮土)는 주체괘에 기운을 주는 것이므로 주체괘는 제압을 당하지도, 기운을 빼앗기는 일도 없다. 그래서 이것을 '재난이 없다.'라고 풀이하고, 주체괘 오행이 기운을 받는 날(주체괘 오행이 금이므로 무·기, 축·진·

미·술)이 되면 질병이 치유된다고 판단한다.

▶ 천지부의 첫효가 변하는 경우

본괘	중간괘(풍산점)	변한괘(천뢰무망)
☰ 건금(주체괘)	☴ 손목	☰ 건금
☷ 곤토(첫효 변함)	☶ 간토	☳ 진목

문: 천지부의 2효가 변할 때 질환의 점단은 어떻게 내려야 합니까?

소강절: 이 경우에 중간괘는 풍산점(風山漸)괘가 되기 때문에 좋지만, 문제는 상대괘의 2효가 변해 변한괘는 감수(坎水)가 된다는 점이다. 이로 인해 주체괘 건금이 변한괘 감수에 기운을 빼앗기기 때문에 길하다고 할 수 없다. 주체괘의 에너지가 손상되는 것을 의미하기 때문이다.

더구나 여기서 변한괘의 설명을 보강하는 '변한괘의 중간괘'는 풍화가인(風火家人)이 된다. 손목과 이화는 장작에 불이 붙어 있는 모양으로, 이화(離火)가 주체괘를 제압하고 손목(巽木)도 이화(離火)를 도와 함께 제압하고 있는 모습이다. 또 변한괘 감수(坎水)는 죽은 사람을 상징하기도 하므로 '변한괘의 중간괘' 손목(巽木)과 이화(離火), 여기에 변한괘의 감수를 포함하면 '바람, 불, 장작, 죽은 사람'을 연상하게 된다. 그래서 '시체를 불태운다.'라고 풀이한다.

몸이 쇠약한 사람이 이렇게 된다면 곧 죽는다고 판단할 수 있다. 그렇지만 이것은 어디까지나 일반론이다. 봄·여름·가을·겨울, 이렇게 네 계절의 기운을 생각해서 추리해야 하고, 주위 환경도 감안해야 한다. 미묘한 판단이 요구되는 부분이다.

본괘	중간괘(풍산점)	변한괘(천수송)	변한괘의 중간괘(풍화가인)
☰ 건금(주체괘)	☴ 손목	☰ 건금	☴ 손목
☷ 곤토(2효 변함)	☶ 간토	☵ 감수	☲ 이화

문: 천지부의 3효가 변할 때 질환의 점단은 어떻게 내려야 합니까?

소강절: 상대괘의 3효가 변하면 변한괘는 간토(艮土)가 되어 주체괘가 기운을 받는다. 중간괘와 상관없이 불문하고 길하다고 판단해도 좋다. 즉, 주체괘에 기운을 주는 토(土)가 세 개나 있고, 주체괘를 제압하는 괘는 하나도 없다.

중간괘는 윗괘가 아랫괘를 제압하므로 '질환의 경과는 바람직하지 못하다'고 할 수 있지만, 길한 의미가 이처럼 강하면 질환의 경과야 어떻든 '완치된다'는 것을 알 수 있다. 또 결과를 나타내는 변한괘 천산둔(天山遯)은 도망한다는 의미가 있다. 이것은 전체가 길하므로 '질환으로부터 도망간다', '죽음으로부터 도망간다'는 의미가 된다. 이것이 흉한 의미라면 이 세상으로부터 도망간다, 즉 죽는다는 의미인데, 그렇지 않고 길한 뜻이 있으므로 안심해도 된다.

▶ 천지부의 3효가 변하는 경우

본괘	중간괘(풍산점)	변한괘(천산둔)
☰ 건금(주체괘)	☴ 손목	☰ 건금
☷ 곤토(3효 변함)	☶ 간토	☶ 간토

문: 천지부의 4효가 변할 때 질환의 점단은 어떻게 내려야 합니까?

소강절: 4효가 변하면 변한괘는 손목이 된다. 이때 주체괘는 아랫괘 곤토(坤土)가 되므로 변한괘 손목(巽木)으로부터 제압을 당해 흉한 의미가 나온다. 괘의 의미 또한 기운이 있는 것이 아니므로 전체적으로 좋지 못하다.

손목(巽木)에는 '사체를 들어 올린다'는 의미가 있으며, 건금(乾金)은 '비석'을 상징하기도 한다. 그러면 이것은 간토(艮土)가 아니라도 묘(墓)의 의미가 있으므로 '시체를 매장한다'는 뜻이 되어 반드시 흉하다고 판단한다.

▶ 천지부의 4효가 변하는 경우

본괘	중간괘(풍산점)	변한괘(풍지관)
☰ 건금(4효 변함)	☴ 손목	☴ 손목
☷ 곤토(주체괘)	☶ 간토	☷ 곤토

문: 천지부의 5효가 변할 때 질환의 점단은 어떻게 내려야 합니까?

소강절: 천지부의 5효가 변하면 변한괘는 이화(離火)가 된다. 그래서 주체괘가 상대괘 건금에 기운을 빼앗기지만, 결과를 나타내는 변한괘는 주체괘에 기운을 준다. 따라서 길하다는 것은 틀림없다. 길한 징조가 있으면 즉시 치유되어 길하게 되고, 흉하다면 길해지는 시기가 조금 늦어지겠지만 죽는 일은 있을 수 없다.

본괘	중간괘(풍산점)	변한괘(화지진)
☰ 건금(5효 변함)	☴ 손목	☲ 이화
☷ 곤토(주체괘)	☶ 간토	☷ 곤토

문: 천지부의 끝효가 변할 때 질환의 점단은 어떻게 내려야 합니까?

소강절: 상대괘 건금(乾金)의 끝효가 변하면 변한괘는 태금(兌金)이 된다. 그래서 상대괘 건금이 주체괘의 기운을 빼앗아 흉조가 있지만, 중간괘에는 주체괘를 제압하는 손목(巽木)과 주체괘와 동일한 오행 간토(艮土)가 하나씩 있으므로 길흉이 반반이다.

이로써 판단하면 이 질환으로 죽는 일은 없더라도 반드시 위험한 상태에 있다는 것을 알 수 있다. 그래서 길흉의 징조를 충분히 판단하는 것이 중요하다. 그 징조가 길하면 곧바로 길하다고 말해도 되고, 그 징조가 흉하면 곧바로 흉하다고 말해도 된다. 이 판단은 미묘한 것이지만 대단히 명백한 것이다.

▶ 천지부의 끝효가 변하는 경우

본괘	중간괘(풍산점)	변한괘(택지췌)
☰ 건금(끝효 변함)	☴ 손목	☱ 태금
☷ 곤토(주체괘)	☶ 간토	☷ 곤토

이상의 점단은 실제 점단이 아니므로 '이러한 때에는 이렇게 판단한다.'라고 설명하는 방식을 취하고 있다. 그리고 이런 점단법은 태극타로와 동일하다. 이 점단법에서는 '하나의 주체와 수많은 객체 및 환

경적 요소'를 살펴서 판단해야 한다는 운용의 묘(妙)가 포함되어 있다. 같은 괘가 나왔더라도 주위 환경이나 징조, 상황, 심지어 보고 듣고 느끼는 감각에 따라 얼마든지 판단이 달라질 수 있다. 그러므로 같은 괘가 나왔더라도 다르게 해석할 수 있다는 변역(變易)의 이치를 명심해야 한다.

제 8 장

태극타로 없이 점단하는 법

태극타로를 이용하면 모든 사안에 대해 점단할 수 있다. 그러나 경우에 따라서는 태극타로라는 도구 없이도 판단해야 할 경우가 생긴다. 우리나라에서는 특히 사주와 그해 신수, 성명운, 궁합을 중요시한다. 따라서 태극타로를 사용하지 않고도 괘를 만들어 사주운, 1년 신수, 성명운, 궁합을 보는 요령을 살펴보기로 한다.

1. 사주운

    사주는 생년월일을 합한 수를 8로 나누어 나머지에 해당하는 괘를 윗괘로 삼고, 생년월일에 시를 합한 수를 8로 나누어 나머지에 해당하는 괘를 아랫괘로 삼는다. 그리고 생년월일시를 합한 수를 6으로 나누고, 그 나머지를 변하는 효로 삼는다.

    이렇게 만들어진 괘와 효의 의미로 전체적인 운세를 파악하고, 주체괘와 객체괘의 상호 관계를 비교해 길흉의 크기를 판단한다. 이때 연은 자(子)로부터 시작해 지지의 순서에 따른 수를 사용하고, 생월과 생일은 음력 숫자를 그대로 사용한다. 생시 또한 지지의 순서에 해당하는 수를 사용한다.

▶ 연간 지지별 수

연지	자	축	인	묘	진	사	오	미	신	유	술	해
수	1	2	3	4	5	6	7	8	9	10	11	12

▶ 시간별 지지와 수

시간	23:31~ 01:30	01:31~ 03:30	03:31~ 05:30	05:31~ 07:30	07:31~ 09:30	09:31~ 11:30
지지	자	축	인	묘	진	사
수	1	2	3	4	5	6
시간	11:31~ 13:30	13:31~ 15:30	15:31~ 17:30	17:31~ 19:30	19:31~ 21:30	21:31~ 23:30
지지	오	미	신	유	술	해
수	7	8	9	10	11	12

음력 2014년 6월 11일 오후 5시 00분생인 경우를 예로 들어보자. 2014년은 갑오년이라 지지가 오이므로 연의 수는 7이다. 월일은 음력의 숫자를 그대로 사용한다. 즉, 6월은 6, 11일은 11로 한다. 명리학에서처럼 절기를 기준으로 월을 바꾸지는 않는다. 시는 오후 5시가 신(申)의 시각이므로 9가 된다.

① 연월일의 수를 합한 다음 8로 나누어 나머지를 윗괘로 삼는다.

7+6+11=24, 24÷8=3. 나머지가 없을 때는 8을 한다. 그래서 윗괘는 곤괘(☷)가 된다.

② 연월일시의 수를 합한 다음 8로 나누어 나머지를 아랫괘로 삼는다.

7+6+11+9=33, 33÷8=4. 나머지가 1이 되어 아랫괘는 건괘(☰)가 된다.

③ 연월일시의 수를 합한 다음 6으로 나누어 나머지를 변하는 효로 삼는다.

7+6+11+9=33, 33÷6=5. 나머지가 3이므로 변하는 효는 3효가 된다.

따라서 이때 출생한 사람은 지천태괘(䷊)가 되고, 3효가 변함으로써 윗괘를 주체괘로 삼고 아랫괘를 객체괘로 삼아 오행 관계를 비교하고 판단하면 된다.

다음으로 음력 2014년 12월 30일 오후 11시 30분 출생자를 예로 들어보자. 2014년은 갑오년이므로 연의 수는 7이다. 월과 일은 그 수를 그대로 사용한다. 오후 11시 30분은 해시이므로 12로 본다. 단, 일이 바뀌는 것은 자시로 23시 31분부터 다음 날로 본다.

① 연월일의 수를 합한 다음 8로 나누어 나머지를 윗괘로 삼는다.

　7+12+30=49, 49÷8=6. 나머지가 1이므로 윗괘는 건괘(☰)가 된다.

② 연월일시의 수를 합한 다음 8로 나누어 나머지를 아랫괘로 삼는다.

　7+12+30+12=61, 61÷8=7. 나머지가 5가 되어 아랫괘는 손괘(☴)가 된다.

③ 연월일시의 숫자를 합한 다음 6으로 나누어 나머지를 변하는 효로 삼는다.

　7+12+30+12=61, 61÷6=10. 나머지가 1이므로 변하는 효는 첫효가 된다.

따라서 이때 출생한 사람은 천풍구괘(䷫)가 되고, 첫효가 변함으로써 윗괘를 주체괘로 하고 아랫괘를 객체괘로 하여 오행 관계를 비교하고 판단하면 된다. 그리고 사주는 괘의 의미를 우선으로 하고, 주체괘와 객체괘의 상호 관계를 감안해서 판단한다.

▶ **천풍구의 첫효가 변하는 경우**

본괘(천풍구)	중간괘(건위천)	변한괘(건위천)
☰ 건금(주체괘)	☰ 건금	☰ 건금
☴ 손목(첫효 변함)	☰ 건금	☰ 건금

이 경우는 본괘의 주체괘가 상대괘를 극하므로 사주는 전체적으로 길한 것으로 본다. 더구나 중간괘가 모두 건금으로 주체괘와 오행이 동일할 뿐만 아니라 변한괘 또한 건금으로 주체괘와 오행이 동일하므로 주위에서 도와주는 사람이 많아 좋은 사주다.

시기별로는 본괘를 초년운, 중간괘를 중년운, 변한괘를 노년운으로 보기도 한다. 따라서 이 사주의 경우, 초·중·노년이 모두 길한 운명으로 볼 수 있다. 그런데 본괘 천풍구는 예기치 않은 일이 잘 발생한다는 의미가 있으므로 좋은 인생을 살아갈지라도 매사 조심할 필요가 있다.

괘의 의미가 좋을 경우

⊙ 주체괘가 객체괘로부터 기운을 받으면 좋은 인생을 살아가는 길한 사주로 본다.
⊙ 주체괘가 객체괘에 기운을 빼앗기면 조금 힘든 인생을 살아가는 사주로 본다.
⊙ 주체괘가 객체괘로부터 기운을 받기도 하고 제압을 당하기도 하면 길흉이 반반인 사주다.

⊙ 주체괘가 객체괘로부터 제압을 당하면 장애가 많아서 사주가
   길해도 상의대로 되지 않는다.
⊙ 주체괘와 객체괘가 동일하면 활약을 기대할 수 있는 사주다.

괘의 의미가 나쁠 경우

⊙ 주체괘가 객체괘로부터 기운을 받으면 어려운 환경을 극복해
   소망을 달성할 수 있는 사주다.
⊙ 주체괘가 객체괘에 기운을 빼앗기면 다소 고단한 인생을 살아
   가는 사주다.
⊙ 주체괘가 객체괘로부터 기운을 받기도 하고 제압을 당하기도 하
   면, 고난이 계속되고 노력은 물거품이 되는 경우가 많은 사주다.
⊙ 주체괘가 객체괘로부터 제압을 당하면 모든 일이 뜻대로 되지
   않는 사주다.
⊙ 주체괘와 객체괘가 동일하면 되는 일도 없고 안 되는 일도 없는
   사주다.

사주로 연운이나 월운, 일운을 볼 경우에는 그 연월일에 해당하는
간지를 64괘로 만들어 객체괘로 삼고, 주체괘와 오행 관계를 비교해
판단하면 된다. 그럼 간지별 괘를 살펴보자.

천간의 경우에는 갑은 진목, 을은 손목, 병과 정은 이화, 무는 간토,
기는 곤토, 경은 태금, 신은 건금, 임과 계는 감수로 본다.

지지의 경우에는 해와 자는 감수, 축과 미는 곤토, 인은 진목, 묘는
손목, 진과 술은 간토, 사와 오는 이화, 신은 태금, 유는 건금으로 본다.

예를 들어 주체괘가 곤토라면 주체괘에 기운을 주는 이화에 해당하는 간지 '병·정, 사·오'의 연월일은 길하다.

주체괘 곤토를 제압하는 손목이나 진목에 해당하는 간지 '갑·을, 인·묘'의 연월일은 좋지 않다. 소망하는 일은 이루어지지 않는다.

주체괘 곤토가 기운을 빼앗기는 태금이나 건금에 해당하는 간지 '경·신, 신·유'의 연월일에는 손해를 당하는 일이 없도록 조심해야 한다.

주체괘 곤토가 제압하는 감수에 해당하는 간지 '임·계, 해·자'를 가진 연월일은 바라는 일이 이루어지지만, 자신의 기운도 많이 빠지게 되므로 크게 길하다고 할 수 없다.

주체괘 곤토와 오행이 동일한 간토나 곤토에 해당하는 간지 '무·기, 축·진·미·술'을 가진 연월일에는 노력하면 소망하는 일이 이루어진다.

천간과 지지에 따라 주체괘에 기운을 주는 객체괘와 제압하는 객체괘가 같이 있다면, 반흉반길한 것으로 본다.

2. 성명운

성명운을 볼 경우에는 성과 이름의 획수를 세어 괘와 변하는 효를 만든 후, 괘의 의미를 보고 전체적인 운세를 파악한 다음, 주체괘와 객체괘의 상호 비교를 통해 길흉의 정도를 판단한다.

괘를 만드는 요령은 성과 이름의 획수를 모두 합한 다음 8로 나눈 나머지를 윗괘로 하고, 이름의 획수를 합한 다음 8로 나눈 나머지를 아랫괘로 한다. 변하는 효는 윗괘와 아랫괘의 수를 모두 합한 다음 6으로 나눈 나머지로 한다.

이렇게 해서 윗괘와 아랫괘, 변하는 효가 정해지면 자연히 주체괘와 객체괘(상대괘, 중간괘, 변한괘)가 만들어지게 된다. 그러고 나서 주체괘와 객체괘의 오행 관계에 따라 성명의 길흉을 판단하면 된다.

연령대별 운세를 볼 때는 본괘는 1~20세, 중간괘는 21~40세, 변한괘는 41~60세, 변한괘의 중간괘는 61세 이후로 보는데, 이 경우에도 항상 주체괘를 중심으로 해서 오행 관계를 판단한다. 그리고 그 길흉은 괘의 의미를 우선으로 하고, 주체괘와 객체괘의 상호 관계를 감안해서 판단한다.

⊙ 주체괘가 객체괘로부터 기운을 받으면 좋은 인생을 살아가는 길한 이름으로 본다.

⊙ 주체괘가 객체괘에 기운을 빼앗기면 조금 피곤하게 살아가는 이름으로 본다.

⊙ 주체괘가 객체괘로부터 기운을 받기도 하고 제압을 당하기도 하면 길흉이 반반인 이름이다.

⊙ 주체괘가 객체괘로부터 제압을 당하면 장애가 많아서 이름이 길해도 상의대로 되지 않는다.

⊙ 주체괘와 객체괘가 동일하면 활약을 기대할 수 있는 이름이다.

⊙ 주체괘가 객체괘로부터 기운을 받으면 어려운 환경을 극복해 소망을 달성하는 이름이다.

⊙ 주체괘가 객체괘에 기운을 빼앗기면 다소 힘들게 살아가는 이름이다.

⊙ 주체괘가 객체괘로부터 기운을 받기도 하고 제압을 당하기도 하면, 고난이 계속되고 노력은 물거품이 되는 경우가 많은 이름이다.

⊙ 주체괘가 객체괘로부터 제압을 당하면 모든 일이 뜻대로 되지 않는 이름이다.

⊙ 주체괘가 객체괘와 동일하면 되는 일도 없고 안 되는 일도 없는 이름이다.

매년 운세는 그해 간지를 64괘로 만들어 객체괘로 삼고, 이름의 주체괘와 오행 관계를 비교하여 판단한다. 간지별 괘는 사주운과 같다.

예를 들어 그 사람 이름이 김일수(金一洙)라고 하자. 김(金)은 8획, 일(一)을 1획, 수(洙)는 9획이 된다. 성과 이름을 모두 합한 획수 18을 8로 나누면 나머지가 2이므로 윗괘는 태괘(☱)가 된다. 이름 일수(一洙)를 합한 획수 10을 8로 나누면 나머지가 2이므로 아랫괘도 태괘(☱)가 된다. 변하는 효는 윗괘와 아랫괘를 합한 수 28을 6으로 나눈 나머지 4가 된다. 그래서 이 이름의 괘는 태위택괘(䷹)이며 변하는 효는 4효가 된다.

주체괘는 태위택괘의 아랫괘 태괘가 되고, 상대괘, 중간괘, 변한괘, 변한괘의 중간괘는 객체괘가 된다.

그래서 연령별 운세로 태위택괘는 1~20세까지 해당되고, 중간괘 풍화가인괘는 20~40세, 변한괘 수택절괘는 41~60세, 변한괘의 중간괘 산뢰이괘는 61세 이후가 된다.

▶ 태위택의 4효가 변하는 경우

본괘(태위택) 1~20세	중간괘(풍화가인) 21~40세	변한괘(수택절) 41~60세	변한괘의 중간괘(산뢰이) 61세이후
☱ 태금(4효 변함)	☴ 손목	☵ 감수	☶ 간토
☱ 태금(주체괘)	☲ 이화	☱ 태금	☳ 진목

태위택괘는 기쁨을 의미하는 길한 괘에 해당하는 데다가 주체괘가 태금인데 상대괘도 같은 태금이므로 1세~20세는 매우 길한 시기다. 중간괘의 윗괘 손목은 주체괘 태금이 제압하고, 중간괘의 아랫괘 이화

는 주체괘 태금을 극하므로 21~40세는 길흉이 반반이다. 변한괘 감수
는 주체괘 태금의 기운을 빼앗으므로 41~60세까지는 다소 어려움이
예상된다. '변한괘의 중간괘' 윗괘 간토는 주체괘 태금에 기운을 더해
주고, '변한괘의 중간괘' 아래괘 진목은 주체괘 태금으로부터 제압을
당하므로 61세 이후는 아주 길하다고 볼 수 있다.

성명으로 한 달 운세를 보려면 그달 간지와 이름의 주체괘 오행을
비교하면 되고, 하루 운세를 보려면 그날 간지와 이름의 주체괘 오행
을 비교하면 된다. 간지별 괘는 사주운을 볼 때와 같다.

예를 들어 주체괘가 이화라면 기운을 주는 손목이나 진목에 해당
하는 간지 '갑·을, 인·묘'의 연월일은 길하다.

반면에 주체괘 이화를 제압하는 감수에 해당하는 간지 '임·계, 해·
자'의 연월일은 좋지 않다. 바라는 일은 이루어지지 않는다.

주체괘 이화가 기운을 빼앗기는 곤토와 간토에 해당하는 간지 '무·
기, 축·진·미·술'의 연월일에는 손해를 당하는 일이 없도록 조심해야
한다.

주체괘 이화가 제압하는 건금이나 태금에 해당하는 간지 '경·신,
신·유'의 연월일에는 바라는 일이 실현되지만, 자신의 기운도 많이 빠
지게 되므로 크게 길하다고 할 수 없다.

주체괘 이화와 오행이 동일한 '병·정, 사·오'의 연월일은 노력하면
소망하는 일이 이루어진다.

그리고 간지에 주체괘에 기운을 주는 괘 오행과 제압하는 괘 오행
이 같이 있다면, 반흉반길한 것으로 본다.

3. 궁합운

궁합은 남자 일주(日柱, 생일)를 윗괘로, 여자 일주를 아랫괘로 하고, 남자 일주와 여자 일주를 합해 변하는 효를 정한다. 괘의 뜻에 따라 전체적인 궁합을 파악한 후 주체괘와 객체괘의 오행을 비교해 길흉을 판단한다.

일주로 괘를 만드는 방법은 남녀별로 일주의 천간과 지지에 해당하는 수를 합하면 된다. 천간과 지지의 수는 간지 순서에 따라 천간은 갑(甲)으로부터, 지지는 자(子)로부터 시작해 순서에 따라 붙여 나간다. 천간과 지지의 수가 8을 넘으면 8로 나눈 나머지로 한다.

변하는 효는 남자 일주와 여자 일주를 합한 수에서 6으로 나눈 나머지로 한다. 이렇게 해서 윗괘와 아랫괘, 변하는 효가 정해지면 자연히 주체괘와 객체괘(상대괘, 중간괘, 변한괘)가 만들어지게 된다. 그리고 주체괘와 객체괘의 오행 관계를 비교하여 궁합의 길흉을 판단한다.

▶ 일간별 수

일간	갑	을	병	정	무	기	경	신	임	계
수	1	2	3	4	5	6	7	8	9	10

일지	자	축	인	묘	진	사	오	미	신	유	술	해
수	1	2	3	4	5	6	7	8	9	10	11	12

괘의 의미가 좋을 경우

◉ 주체괘가 객체괘로부터 기운을 받으면 좋은 가정을 꾸리며, 행복한 인생을 살아가는 길한 궁합으로 본다.

◉ 주체괘가 객체괘에 기운을 빼앗기면 조금 좋지 않은 궁합으로 본다.

◉ 주체괘가 객체괘로부터 기운을 받기도 하고 제압을 당하기도 하면 길흉이 반반인 궁합이다.

◉ 주체괘가 객체괘로부터 제압을 당하면 장애가 많아서 궁합이 길한 상의대로 되지 않는다.

◉ 주체괘와 객체괘가 동일하면 잘 이루어질 것으로 기대하는 궁합이다.

괘의 의미가 나쁠 경우

◉ 주체괘가 객체괘로부터 기운을 받으면 어려운 환경을 극복하여 소망을 달성할 수 있는 궁합이다.

◉ 주체괘가 객체괘에 기운을 빼앗기면 다소 좋은 않은 궁합으로 본다.

◉ 주체괘가 객체괘로부터 기운을 받기도 하고 제압을 당하기도 하면, 고난이 계속되고 노력은 물거품이 되는 경우가 많은 궁합이다.

⊙ 주체괘가 객체괘로부터 제압을 당하면 모든 일이 뜻대로 되지 않는 궁합이다.

⊙ 주체괘가 객체괘와 동일하면 되는 일도 없고 안 되는 일도 없는 궁합이다.

정해(丁亥) 일주 남자와 을유(乙酉) 일주 여자의 궁합을 예로 들어 보자. 남자의 경우 정의 수 4와 해의 수 12를 합하면 16이고, 이를 8로 나누면 나머지가 0이므로 곤토(☷)가 된다. 여자의 경우 을의 수 2와 유의 수 10을 합하면 12이고, 이를 8로 나누면 나머지가 4라서 진목(☳)이 된다. 그리고 남자의 일간 수 16과 여자의 일간 수 12를 합하면 28이고, 이를 6으로 나누면 나머지가 4라서 변하는 효는 4가 된다.

따라서 남자의 괘 곤토를 윗괘로 하고 여자의 괘 진목을 아랫괘로 하면 이 남녀의 궁합은 지뢰복괘이며, 변하는 효는 4효다.

그러면 본괘는 지뢰복괘, 중간괘는 곤위지괘, 변한괘는 진위뢰괘가 된다. 본괘는 결혼 초반기, 중간괘는 결혼 중반기, 변한괘는 결혼 후반기를 나타내기도 하므로 괘의 의미와 함께 주체괘를 중심으로 오행을 비교하여 해당 시기의 길흉을 판단하면 된다.

▶ 지뢰복의 4효가 변하는 경우

본괘(지뢰복)	중간괘(곤위지)	변한괘(진위뢰)
☷ 곤토(4효 변함)	☷ 곤토	☳ 진목
☳ 진목(주체괘)	☷ 곤토	☳ 진목

이 경우는 본괘의 주체괘 진목이 상대괘 곤토를 제압하므로 결혼

초반기는 행복한 결혼 생활을 한다. 중간괘의 곤토 또한 주체괘로부터 제압을 당하므로 결혼 중반기에도 행복한 결혼 생활을 이어간다. 변한 괘 진목은 주체괘와 기운이 같으므로 결혼 후반기에도 친구처럼 행복한 결혼 생활을 하는 좋은 궁합이다.

지뢰복괘는 재기(再起), 재출발, 정착의 의미가 있다. 오행을 비교해도 길하고 괘의 의미도 좋으므로 전체적으로 좋은 궁합으로 판단할 수 있다.

연도별 부부 사이는 그해 간지를 64괘로 만들어 객체괘로 삼고, 궁합의 주체괘와 오행 관계를 비교해 판단한다. 이것도 간지별 괘는 사주운과 같다.

예를 들어 주체괘가 진목이라면 기운을 주는 감수에 해당하는 간지 '임·계, 해·자'의 연월일은 길하다.

반면에 주체괘 진목을 제압하는 건금이나 태금에 해당하는 간지 '경·신, 신·유'의 연월일은 좋지 않다. 부부 사이라도 서로 조심해야 한다.

주체괘 진목이 기운을 빼앗기는 이화에 해당하는 간지 '병·정, 사·오'의 연월일에는 부부가 손해를 당하는 일이 없도록 조심해야 한다.

주체괘 진목이 제압하는 간토나 곤토에 해당하는 간지 '무·기, 축·진·미·술'의 연월일에는 부부 사이가 좋지만, 기운도 많이 빠지게 되므로 크게 좋다고는 할 수 없다.

주체괘 진목과 오행이 동일한 간지 '갑·을, 인·묘'의 연월일은 서로 뜻이 잘 맞는다. 연월일 간지에 주체괘에 기운을 주는 괘 오행과 제압하는 괘 오행이 같이 있다면, 반흉반길로 본다.

4. 개별 사안에 대한 운

어떤 일이든지 아무 도구 없이 점단할 수 있는 방법이다. 궁금한 일이 생겼을 경우 즉시 그 시각으로 괘를 만든 다음, 괘의 상의로 전체적인 길흉을 파악한 후, 주체괘와 객체괘의 오행을 비교해 길흉을 판단한다.

괘를 만드는 요령은 점단하는 날의 연월일을 합해서 8로 나눈 나머지를 윗괘로 하고, 그 시각의 연월일시를 합해서 8로 나눈 나머지를 아랫괘로 한다. 연월일시를 합해 6으로 나눈 나머지는 변하는 효로 한다.

이때 사용하는 연월일시의 수는 사주 점단할 때와 같다. 즉, 연은 지지의 순서에 의한 수를 사용하고, 월과 일은 음력 숫자를 그대로 사용한다. 시간은 12간지로 환산하여 지지의 순서에 해당하는 수를 사용하면 된다.

괘의 의미가 좋을 경우

⊙ 주체괘가 객체괘로부터 기운을 받으면 궁금해하는 일이 잘 풀릴 것으로 본다.

⊙ 주체괘가 객체괘에 기운을 빼앗기면 일이 이루어지기 위해 많은 노력이 필요할 것으로 본다.

⊙ 주체괘가 객체괘로부터 기운을 받기도 하고 제압을 당하기도 하면 길흉이 반반인 상황이다.

⊙ 주체괘가 객체괘로부터 제압을 당하면 장애가 많아서 길한 상의대로 되지 않는다.

⊙ 주체괘와 객체괘가 동일하면 잘 풀릴 것으로 본다.

괘의 의미가 나쁠 경우

⊙ 주체괘가 객체괘로부터 기운을 받으면 어려운 여건을 극복해 뜻을 달성할 수 있다.

⊙ 주체괘가 객체괘에 기운을 빼앗기면 일이 쉽게 풀리지 않거나 풀리더라도 어렵게 풀린다.

⊙ 주체괘가 객체괘로부터 기운을 받기도 하고 제압을 당하기도 하면, 어려움이 계속되고 노력은 물거품이 되는 경우가 많다.

⊙ 주체괘가 객체괘로부터 제압을 당하면 원하는 일이 뜻대로 되지 않는다.

⊙ 주체괘와 객체괘가 동일하면 잘되지도, 그렇다고 안 되지도 않는 상황이다.

2015년 을미년 1월 6일 오전 11시 28분을 예로 들어보자. 미년의 수 8, 1월의 1, 6일의 6을 합하면 15가 되고, 이를 8로 나누면 나머지가 7이다. 그래서 7에 해당하는 간토(☶)를 윗괘로 삼는다. 연월일을 합한 수 15에 사시(巳時)의 수 6을 더하면 21이고, 이를 8로 나누면 나머지가 5이다. 그래서 5에 해당하는 손목(☴)을 아랫괘로 삼는다. 윗괘와 아랫괘를 합하면 산풍고괘(䷑)가 된다.

연월일시를 합한 수 21을 6으로 나누면 나머지가 3이고, 변하는 효는 3이 된다. 따라서 주체괘는 간토, 상대괘는 손목, 중간괘는 윗괘 진목과 아랫괘 태금, 변한괘는 감수가 된다. 산풍고괘는 산처럼 큰 것이 바람이 들어 허물어지는 형상으로, 산더미 같은 물건이 팔려나간다는 좋은 의미가 있는 한편, 바람이 든 무의 형상처럼 쓸모없이 되어 버린다는 뜻도 내포하고 있다.

▶ 산풍고 3효가 변한 경우

본괘(산풍고)	중간괘(뇌택귀매)	변한괘(산수몽)
☶ 간토(주체괘)	☳ 진목	☶ 간토
☴ 손목(3효 변함)	☱ 태금	☵ 감수

따라서 주체괘 간토가 상대괘 손목, 중간괘 진목으로부터 극을 받고 있어서 상당히 어려운 처지에 있으며, 헤쳐 가는 과정에서도 많은 어려움이 따를 것이다. 하지만 주체괘 간토가 변한괘 감수를 극하고 있어 천신만고 끝에 뜻한 바를 이룬다고 판단할 수 있다.

끝맺으며 ───────────────────○

　태극은 곧 창조의 기운이다. 하늘과 땅, 양과 음이 생성되기 이전의 고요한 상태에서 만물이 생성하기 위해 태동하는 원초적인 기운을 말한다. 그래서 태극으로부터 삼라만상이 태어나는 것이다.

　태극은 지금으로부터 6천 년 전 태호 복희씨의 8괘도에서 뿌리가 시작되었다. 그 뿌리가 우리나라 태극기에서 꽃을 피워냈다는 것은 인연법이 아니고서는 설명할 길이 없다.

　아득한 옛날부터 동양에서는 '역'을 신성시하였고, 점단하는 방법도 하늘의 이치를 따랐다. 점단 도구로 삼은 서죽 50개 가운데 하나를 가장 먼저 뽑아 따로 두었는데, 이것을 곧 태극으로 여겨 하늘과 소통하는 교신의 전령으로 삼은 것이다. 그래서 태극은 우주를 만든 모태인 동시에 지금 이 순간에도 하늘과 인간을 연결해 주는 기운이다.

　태극은 주역점에서 가장 먼저 뽑은 서죽이든 태극타로에서 뽑은 한 장의 카드이든 그것은 중요하지 않다. 태극을 뽑을 때 하늘과 감응하는 마음이 중요할 뿐이다. 역은 그 도구나 방법을 따질 만큼 옹졸하지 않다. 도구나 방법은 소우주인 인간이 스스로 결정하며, 하늘에 제대로 고하기만 하면 하늘은 거기에 맞추어 답을 준다. 하늘은 인간의 진정한 물음에 외면하는 법이 없다. 숨김없이 답을 준다. 다만 그 언어가 서로 달라 하늘의 생각을 인간이 알아들을 수 없었기에 역을 도구로 삼았다. 역을 통해 하늘에 물었고, 하늘은 역을 통해 답을 내렸다. 인간이 그 답을 잘 풀이하기만 하면 하늘 아래 모든 문제를 밝힐 수 있었던 것이다. 굳이 과학의 논리로 풀이한다면, 같은 기운이나 같은 생각을 가진 물체끼리 같은 주파수로 파동이 일어나는 물리학의 공명 현상으로 설명할 수 있을 것이다.

본디 역에는 세 가지 법칙이 있다. 간역(簡易)과 변역(變易)과 불역(不易)이 그것이다. 첫째, 간역은 역이란 무엇보다 간단하고 평이하다는 의미다. 우주의 원리는 복잡하거나 화려하지 않다. 하늘은 건(乾)으로 만물을 덮는 양(陽)의 본질이며, 땅은 곤(坤)으로 만물을 품는 음(陰)의 본질이다.

태극이 하나의 양과 하나의 음을 낳고, 음과 양은 각각 또 하나의 음과 양을 낳아 4상이 되고, 4상은 또 각각 하나씩 음과 양을 낳아 8개의 괘가 되고, 8괘는 또 다른 8괘와 상하로 어우러져 64개의 괘를 낳았다. 만사만물은 64개로 분류되는 지극히 단순한 이치에 따라 만들어진 것일 뿐이지 복잡다단한 절차나 형식에 따라 만들어진 것이 아니다. 만약 난해한 방식으로 만들어진 것이었다면 결코 오늘날까지 그 맥을 이어오지 못했을 것이다.

태극타로는 간역(簡易)의 의미 그대로 어떤 점단법보다 간단하고 평이하지만, 분명한 원칙이 있다. 음양오행의 원칙이 그것이다. 동양철학의 근본이 되어 왔던 이 원칙을 대입하기만 하면 누구든 인생길의 길흉화복을 선명하게 파악할 수 있다.

둘째, 변역(變易)은 변하고 바뀐다는 의미다. 천지간의 모든 상황과 사물은 한순간도 그대로 머물러 있는 법이 없이 변화한다. 인간 또한 자연의 일부인지라 태어나서 병들고 늙고 죽음을 맞이한다. 운명학에서는 인간의 일생을 장생, 목욕, 관대, 건록, 제왕, 쇠, 병, 사, 묘, 절, 태, 양, 12가지로 나누어 놓고 있다. 이렇게 인간뿐만 아니라 모든 것이 변한다는 원칙이 곧 변역이다.

만약 모든 것이 그대로 머물러 있다면 변화의 조짐이 나타날 이유가 없다. 밤과 낮이 바뀌지 않을 것이며, 사시사철이 바뀌지도 않을 것이다. 모든 것이 변하기 때문에 길흉 또한 존재한다. 그래서 역에서는 바뀌는 현상에 대해 변하는 효를 만들어 변화에 따른 길흉화복을 예측하는 방식을 취해왔던 것이다. 태극타로 역시 변역의 원칙에 입각하여 두 번째 카드, 즉 효 카드를 뽑아 변한괘를 만들어 길흉화복을 판단하도록 했다.

셋째, 불역(不易)은 바뀌지도 변하지도 않는다는 원칙이다. 밤과 낮이 바뀌고 사시사철이 바뀌지만 바뀐다는 그 사실은 바뀌지 않고 영원하다.

하나의 밤낮이 가면 또 하나의 밤낮이 오며, 하나의 사시사철이 가면 또 하나의 사시사철이 온다. 짧게 보면 모든 것이 바뀌는 것 같지만, 그 바뀌는 원칙은 결코 변하지 않는다. 사람이 태어나서 병들고 늙고, 그리고 죽음을 맞이한다는 변역(變易)의 법칙 또한 바뀌지 않는다.

태극타로 또한 항구 불변하는 자연의 이치를 담은 역의 원칙에 따라 만들어진 것이다. 필자가 따로 원칙을 만들어 넣은 것이라고는 추호도 없다. 이미 태극은 태초에 존재했던 기운이며, 태극 문양 또한 수천 년 전부터 동양인의 생활 곳곳에서 널리 사용되어 왔던 것이다. 그

것을 종이 위에 64개 그림으로 형상화했다 해서 어찌 '만들었다'는 말을 함부로 입에 올리겠는가.

그 원리 또한 이미 수천 년 전부터 전해 오던 오행의 원리에 입각한 것이다. 소강절 선생의 『매화심역』 점단법은 나온 지 천 년도 넘는다. 카드 또한 6백 년 전 서양에서 종이 문화가 자리 잡으면서부터 타로라는 이름으로 자연스레 보급되었던 것이다.

필자는 다만 그 원리를 하나의 다른 그릇에 담아 상을 차려보았을 뿐이다. 물론 그 그릇 또한 이미 세상에 있던 그릇이다. 다만 우리 태극기 문양을 다른 나라 사람이 형상화하여 카드로 만들기 전에, 한국인의 한 사람으로서 64개 모습을 담아냈다는 점이 보람이라면 보람이다.

이제 동서양의 점술 문화를 접목한 태극타로를 세상에 내놓는다. 그림과 주역의 괘상을 함께 그려 넣은 몇몇 종류의 이칭 타로가 나와 있기는 하지만, 그 이칭 타로는 단순히 64괘의 의미를 풀이하는 방식에 머물고 있어 아쉬움이 있었다.

태극타로는 64괘의 의미뿐만 아니라 8괘 오행의 비교를 통해 쉬우면서도 합리적으로 판단할 수 있다. 그리고 역학에서 사용하지 않던 전혀 새로운 용어를 사용했다. 특히 태극 문양을 통해 태극 사상과 주역의 세계에 접근하기 때문에 하늘의 기운과 잘 감응할 것으로 믿는다.

필자로서 욕심이 있다면 가야 할 길을 제대로 찾지 못하는 많은 현대인에게 태극타로가 인생 지침서 역할을 했으면 한다. 동시에 태극기에 담긴 우리 민족 고유의 태극 사상이 세계만방에 알려지는 작은 계기나마 되었으면 한다.

끝으로 카드 디자인에서부터 자질구레한 심부름까지 싫은 내색 한 번 하지 않고 도맡아 해결해 준 둘째 딸 지원에게 고마움을 전하고 싶다. 그리고 두서없는 이 책을 마지막까지 읽어주신 독자들에게 엎드려 절을 올린다.

참고 문헌 ————————————————○

『귀곡운기병법』, 유덕선 지음, 동반인, 1999

『내 마음의 고향』, 조성우 지음, 도서출판 다리, 2012

『뇌내혁명』, 하루야마 시게오 지음, 사람과책, 1996

『단역(斷易)』, 홍몽선 편, 동양서적, 1978

『매화역수(梅花易數)』, 소강절 지음, 김수길·윤상철 옮김, 대유학당, 1996

『삼공대역신서(三空大易神書)』, 조성우 지음, 명문당, 1985

『손에 잡히는 주역연해』, 편집부, 대유학당, 2008

『손에 잡히는 주역점』, 김석진 지음, 대유학당, 2008

『양자의학』, 강길전·홍달수 지음, 월간환경농업, 2007

『역의 모든 것』, 홍몽선 편, 동양서적, 2001

『역점비법(鬼谷特秘 易占秘法)』, 추송학·이은정 지음, 생활문화사, 1987

『역주 주역사전』, 정약용 지음, 방인·장정욱 옮김, 소명출판, 2007

『역학원리와 명리강의(易學原理와 命理講義)』, 조성우 지음, 명문당, 1990

『영통신서(靈通神書)』, 추송학 지음, 생활문화사, 1975

『육효전집』(전4권), 추송학 지음, 생활문화사, 1990

『주역과 개천역(周易과 開天易)』, 박동환 지음, 답게, 2001

『주역반정(周易反正)』, 박주병 지음, 서문당, 2002

『주역신수비전(周易身數祕典)』, 허충, 명문당, 1991

『주역원론』(1~6), 김승호 지음, 선영사, 1999

『주역의 신비와 한국귀산역(龜算易)』, 심재식 지음, 도서출판 세원, 1996

『주역작명법』, 이상욱 지음, 명문당, 1993

『주역전의대전역해(周易傳義大全譯解)』(상·하), 김석진 지음, 대유학당, 1993

『타로를 알면 사람이 보인다』, 박경남 지음, 텐북, 2009

『타로카드(THE UNIVERSAL TAROT CARDS)』, 막스웰 밀러 지음, 박재권 옮김, 당그래, 1999

『태극기 그 원리와 비밀』, 백운곡 지음, 생각하는백성, 2006

『팔괘감정』, 추송학 지음, 생활문화사, 2001

『하락리수(河洛理數)』(상·중·하), 김수길·윤상철 지음, 대유학당, 2009

『현대사주추명학(現代四柱推命學)』, 조성우 지음, 명문당, 1985

부록

태극타로 괘 카드 64장

태극타로 효 카드 6장

〈관련 특허 및 저작권〉

태극타로카드 상표특허출원공고결정 9-5-2015-032029480

K-태극타로 디자인 편집저작물 저작권 등록 제C-2014-026256호

태극타로카드 디자인 편집저작물 저작권 등록 제C-2015-003080호

태극타로카드 활용지침서 교양물 저작권 등록 제C-2015-003081호

* 카드 만드는 방법

1. 칼로 표시한 선을 따라 카드를 자른다.

2. 잘린 카드의 모서리 네 곳을 코너커터로 마무리한다.

* 코너커터 사용 방법

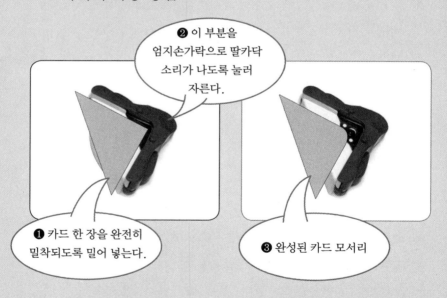

❷ 이 부분을 엄지손가락으로 딸카닥 소리가 나도록 눌러 자른다.

❶ 카드 한 장을 완전히 밀착되도록 밀어 넣는다.

❸ 완성된 카드 모서리

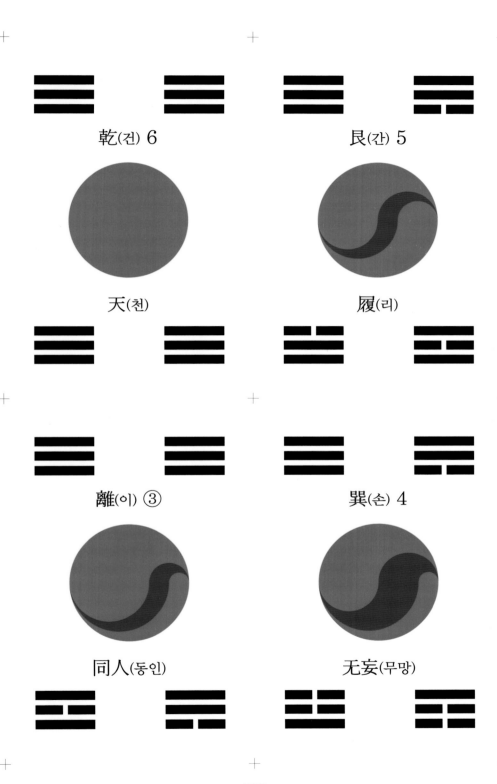

乾(건) 6

艮(간) 5

天(천)

履(리)

離(이) ③

巽(손) 4

同人(동인)

无妄(무망)

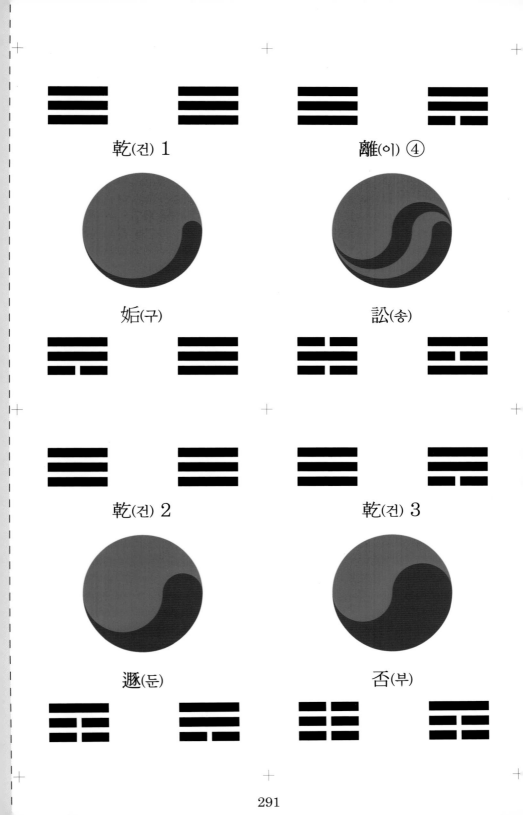

乾(건) 1

離(이) ④

姤(구)

訟(송)

乾(건) 2

乾(건) 3

遯(둔)

否(부)

291

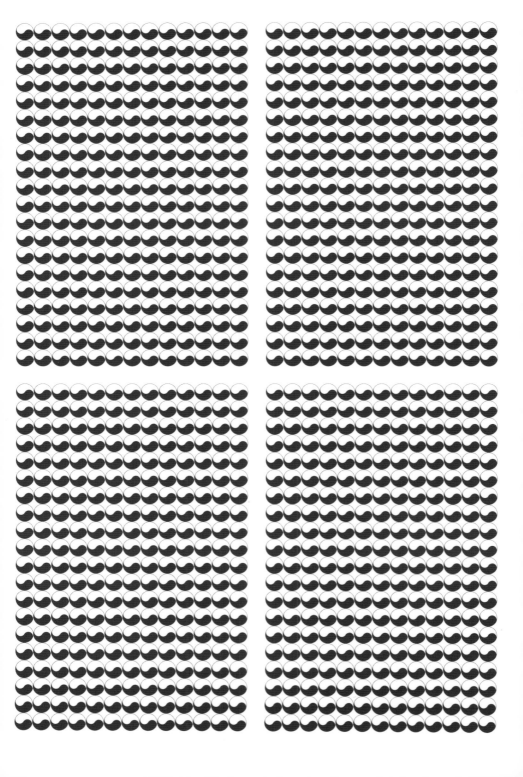

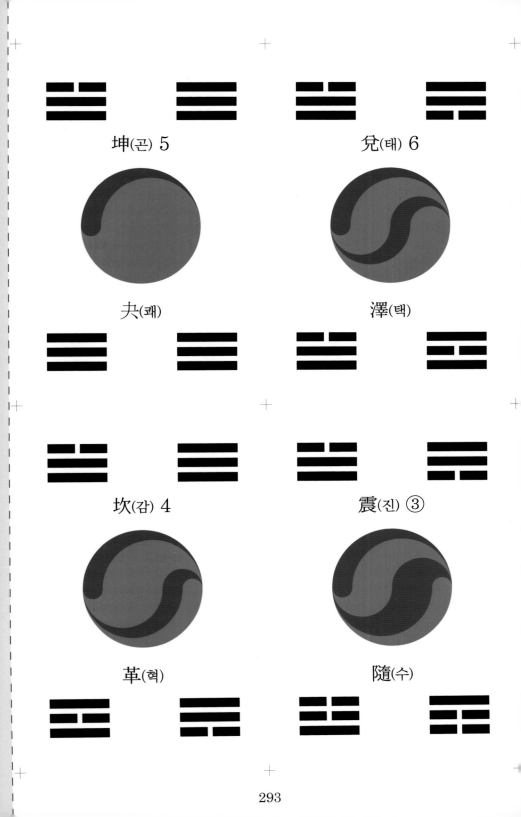

坤(곤) 5

兌(태) 6

夬(쾌)

澤(택)

坎(감) 4

震(진) ③

革(혁)

隨(수)

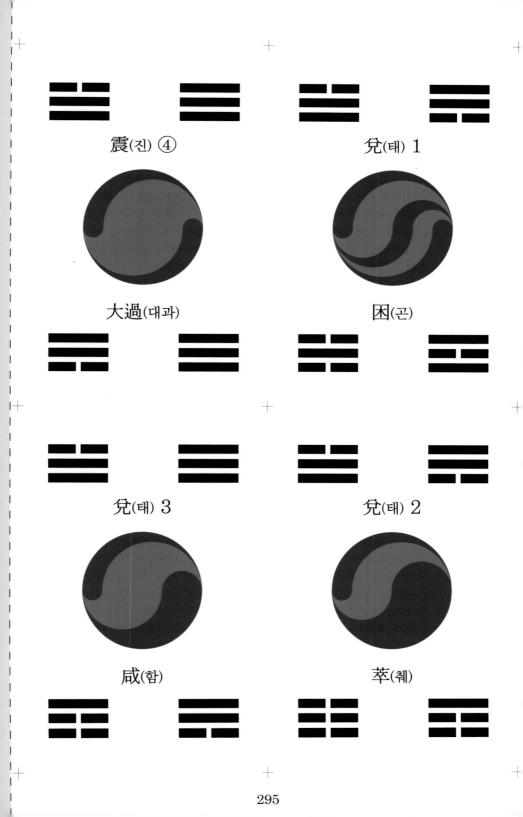

震(진) ④　　　兌(태) 1

大過(대과)　　　困(곤)

兌(태) 3　　　兌(태) 2

咸(함)　　　萃(췌)

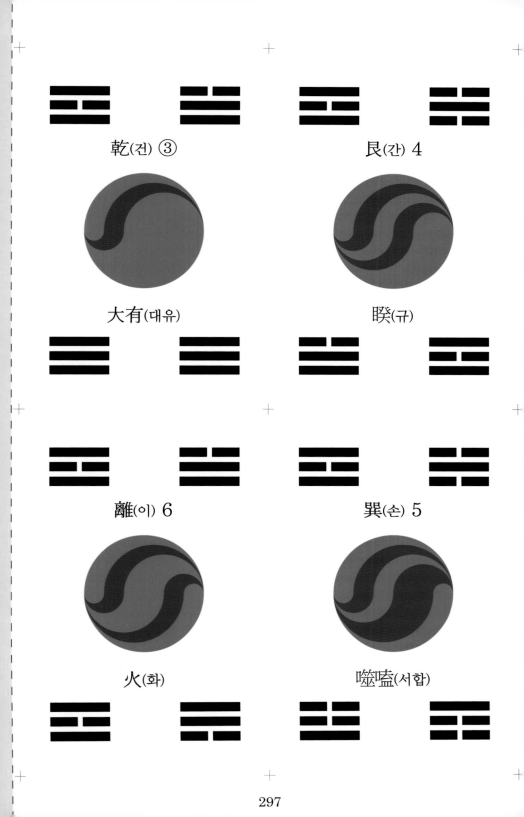

乾(건) ③

艮(간) 4

大有(대유)

暌(규)

離(이) 6

巽(손) 5

火(화)

噬嗑(서합)

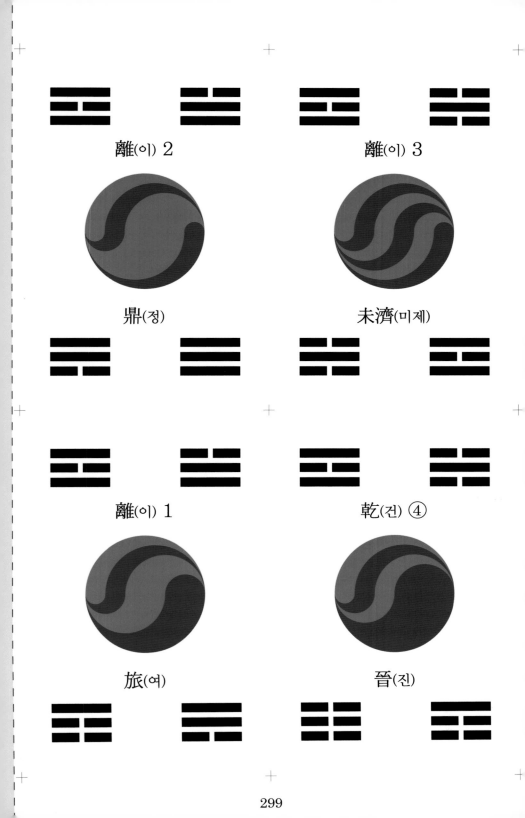

離(이) 2

鼎(정)

離(이) 3

未濟(미제)

離(이) 1

旅(여)

乾(건) ④

晉(진)

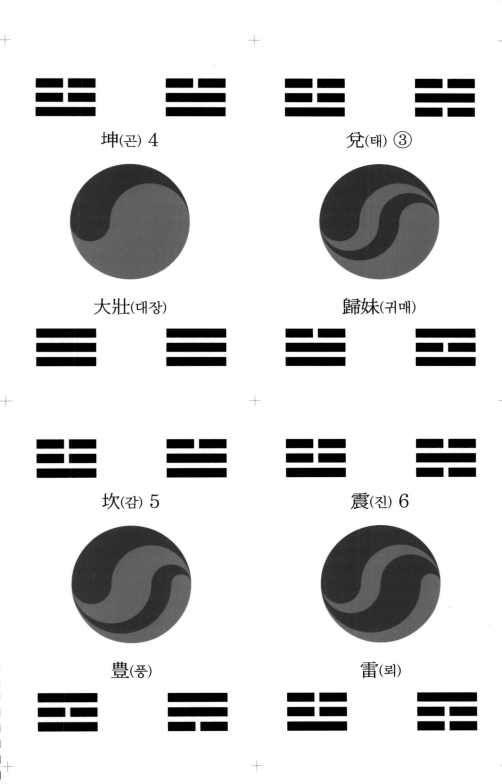

坤(곤) 4　　　　　兌(태) ③

大壯(대장)　　　　歸妹(귀매)

坎(감) 5　　　　　震(진) 6

豊(풍)　　　　　雷(뢰)

震(진) 3　　　　　　　　震(진) 2

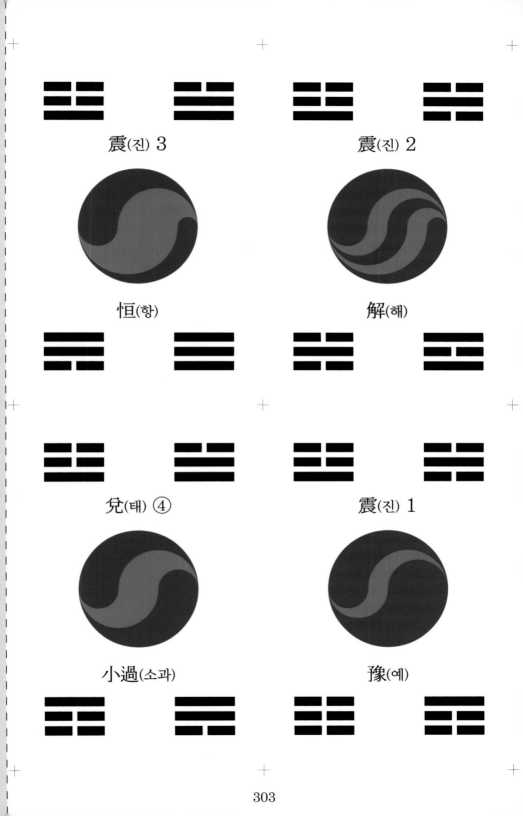

恒(항)　　　　　　　　解(해)

兌(태) ④　　　　　　　震(진) 1

小過(소과)　　　　　　豫(예)

巽(손) 1　　　　　　　艮(간) ④

小畜(소축)　　　　　　中孚(중부)

巽(손) 2　　　　　　　巽(손) 3

家人(가인)　　　　　　益(익)

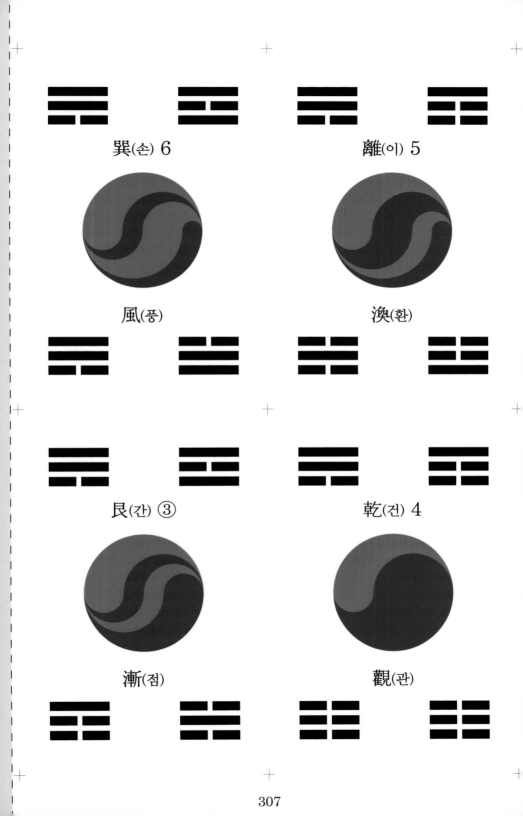

巽(손) 6

風(풍)

離(이) 5

渙(환)

艮(간) ③

漸(점)

乾(건) 4

觀(관)

坤(곤) ④

坎(감) 1

需(수)

節(절)

坎(감) 3

坎(감) 2

旣濟(기제)

屯(둔)

震(진) 5   坎(감) 6

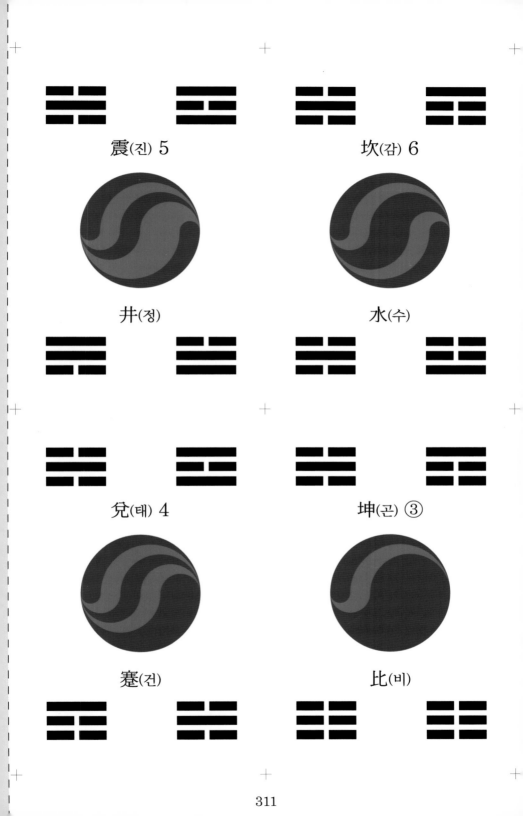

井(정)   水(수)

兌(태) 4   坤(곤) ③

蹇(건)   比(비)

艮(간) 2   艮(간) 3

大畜(대축)   損(손)

艮(간) 1   巽(손) ④

賁(비)   頤(이)

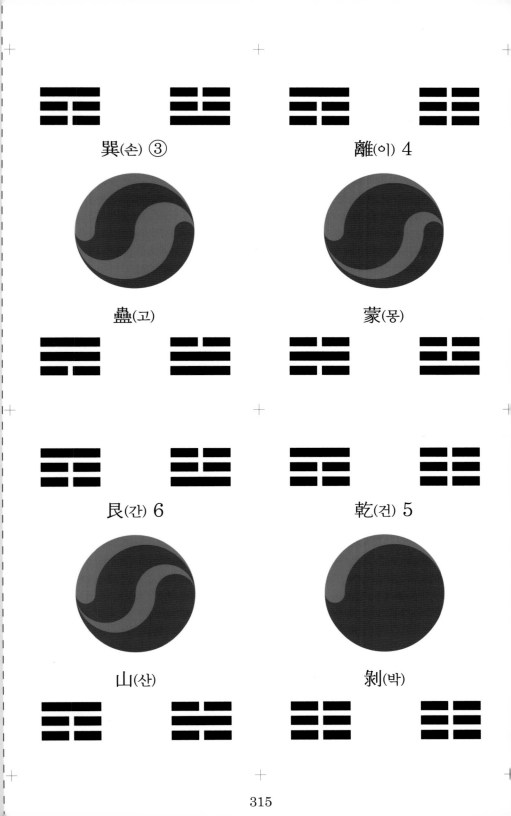

巽(손) ③

離(이) 4

蠱(고)

蒙(몽)

艮(간) 6

乾(건) 5

山(산)

剝(박)

坤(곤) 3　　　　　　坤(곤) 2

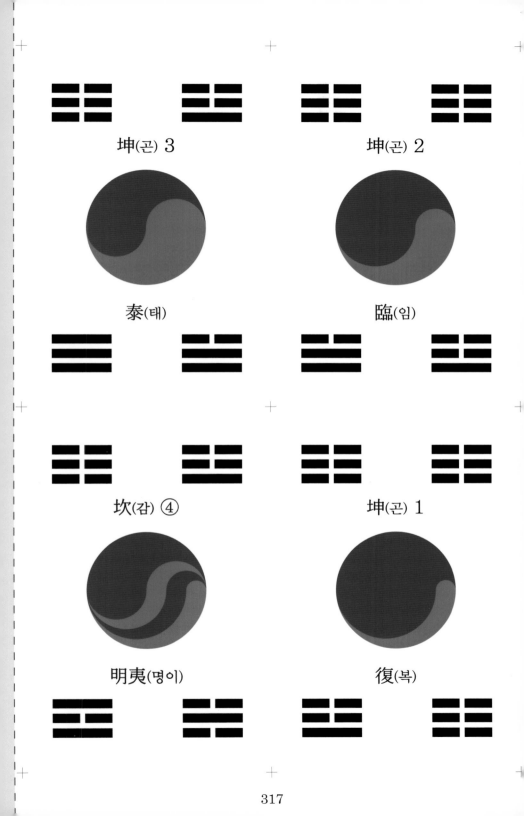

泰(태)　　　　　　臨(임)

坎(감) ④　　　　　坤(곤) 1

明夷(명이)　　　　　復(복)

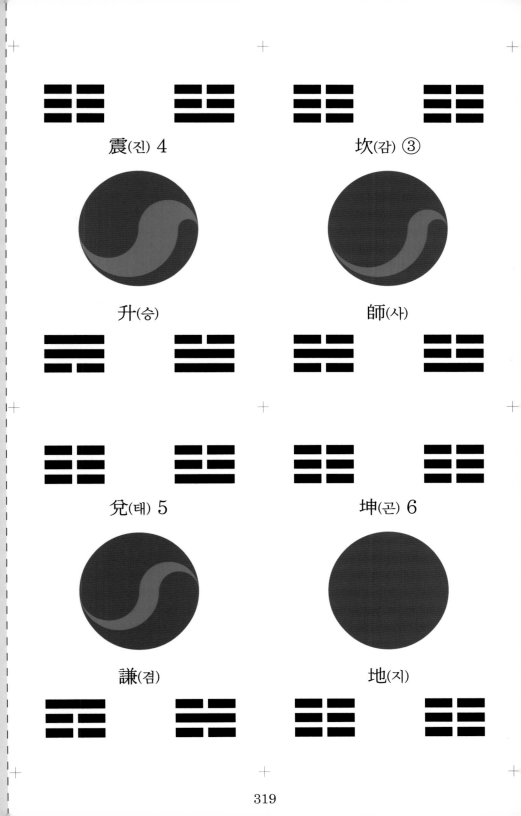

震(진) 4

坎(감) ③

升(승)

師(사)

兌(태) 5

坤(곤) 6

謙(겸)

地(지)

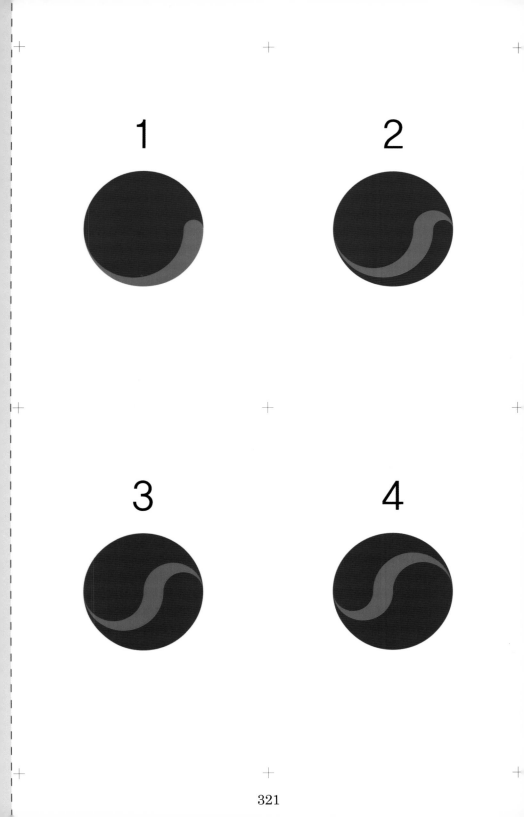

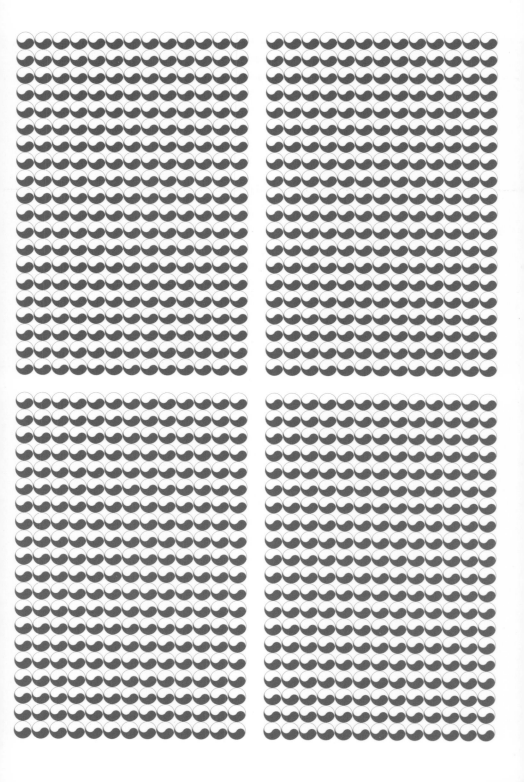

5 6

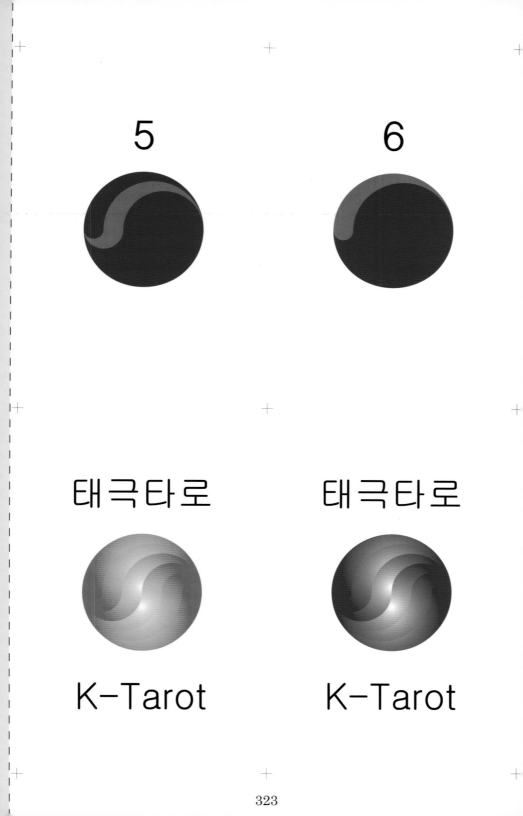

태극타로 태극타로

K-Tarot K-Tarot